MENTAL HEALTH
AND YOUR CHURCH

정신건강과 교회

Mental Health and Your Church: A Handbook for Biblical Care
by Steve Midgley and Helen Thorne

Copyright ⓒ Steve Midgley and Helen Thorne, 2023
Originally published by The Good Book Company, UK.
www.thegoodbook.com
All rights reserved.

This Korean Edition ⓒ Word of Life Press, Seoul, 2025
Translated and published by permission.
Printed in Korea.

정신건강과 교회

ⓒ 생명의말씀사 2025

2025년 6월 25일 1판 1쇄 발행

펴낸이 ㅣ 김창영
펴낸곳 ㅣ 생명의말씀사

등록 ㅣ 1962. 1. 10. No.300-1962-1
주소 ㅣ 서울시 종로구 경희궁1길 6 (03176)
전화 ㅣ 02)738-6555(본사) · 02)3159-7979(영업)
팩스 ㅣ 02)739-3824(본사) · 080-022-8585(영업)

기획편집 ㅣ 유영란
디자인 ㅣ 조현진
인쇄 ㅣ 영진문원
제본 ㅣ 다온바인텍

ISBN 978-89-04-07151-7 (03230)

저작권자의 허락 없이 이 책의 일부 또는 전체를
무단 복제, 전재, 발췌하면 저작권법에 의해 처벌을 받습니다.

MENTAL HEALTH
AND YOUR CHURCH

정신건강과 교회

성경적 치료를 위한 핸드북

스티브 미즐리, 헬렌 손 지음
하재성 옮김

생명의말씀사

추천의 글

"교회는 정신건강 문제를 겪는 사람들을 환영하고 돌보는 데 중요한 역할을 한다. 이 일을 감당하려면, 교회도 전문 의료 지식을 어느 정도는 알아야 한다. 너무 많이 알 필요는 없지만(우리는 경쟁하는 것이 아니므로), 아무것도 몰라서도 안 된다. 과거에 정신적 문제를 지나치게 영적으로만 해석했던 오류에서 우리는 배울 것이 있다. 이 책은 그러한 필요를 정확히 충족시켜 준다. 꼭 필요한 만큼의 정보를 제공하고, 이를 성경적인 틀 안에 통합시켜 신앙과 연결되도록 돕는다. 그래서 실제적인 변화가 가능하게 한다. 참으로 유익한 책이다!"
롭 월러 박사, 영국 왕립정신과학회 회원, 정신과 전문의, 마인드앤소울재단 설립이사

"이 얼마나 훌륭한 자원인가! 이 책의 저자들은 긍휼, 지성, 성경적 지혜 그리고 실제적인 도움을 동원해 독자가 이처럼 가장 어려운 제목을 소화하도록 돕는다. 탁월하고 선명한 사고를 실제 삶의 사례와 결합해 독자가 정신건강 문제와 씨름하는 사람에게 진정한 기독교의 소망을 제시하고 도움을 주도록 힘을 북돋운다."
존 번스 박사, 호주 노스시드니 소재 쇼어스쿨 상담서비스 대표

"스티브와 헬렌은 지역 교회를 위해 복잡한 문제를 선택해 언뜻 불가능해 보이는 작업, 뼈대를 설치하는 작업을 성공적으로 마무리했다. 이 책은 복음의 아름다움과 깊이를 함께 제시하면서 정신건강에 관한 용어, 정의, 설명 등을 잘 정리하여 담고 있다. 영혼을 돌보는 특권을 누리는 독자는 이 책을 통해 교육받고 격려받고 준비를 갖추고 유익을 얻을 것이다."

조너선 홈즈, 미국 파크사이드교회 상담 목사

"이 중요하고 시의적절한 책이 30년 전에도 있있다면 얼마나 좋았을까? 하지만 지금 내게 있어서 매우 기쁘다. 이 책은 읽기 쉽고, 통찰력이 풍부하며, 적용에 있어 사려가 깊다. 건강한 지역 교회 공동체가 어려움을 겪는 이들에게 어떻게 도움이 되며 복이 될 수 있는지에, 그리고 성령 충만한 각 성도가 실행할 수 있는 활동 범위 안에 필요한 접근법이 있다는 사실에 특별히 많은 격려를 얻었다. 헬렌과 스티브의 책은 이제 나의 '필독서' 목록에 올랐다."

에이드리언 레이놀즈, 영국 FIEC 국내사역 총괄 책임자

"이처럼 탁월하고 시의적절한 책이 출간되어 정말 감사하다. 모든 교회가, 모든 성도와 목회사역 팀이 이 책을 읽는다면 많은 유익을 얻을 것이다. 수년간의 돌봄, 경청 그리고 사랑에서 통찰력을 얻은 이 글은 따뜻하고 은혜에 푹 잠겼다. 나는 이 책을 거듭 읽으면서 실천하는 법을 배우기를 기대한다."
크리스토퍼 애쉬, 케임브리지 틴데일하우스 상주 작가

"이 책은 정신건강 전문가와 약물 복용의 중요성을 회피하지 않으면서도 실제 사례를 통해 교회가 어려움을 겪는 사람을 어떻게 환영해야 하는지, 또 지혜로우며 그리스도 닮은 공동체가 되기 위해 무엇을 할 수 있고 해야만 하는지 조명한다."
마이클 엠렛, CCEF 협회장

"나는 오랫동안 정신건강 문제를 겪어 왔고, 동일한 어려움을 겪는 셀 수 없는 사람과 자리를 함께했다. 나는 목회자와 목회지원 사역팀에게 이 유익한 책을 강력하게 추천한다."
줄리언 하디만, 영국 케임브리지 소재 이든침례교회 담임 목사

"교훈적이고, 은혜가 넘치며, 격려를 주고, 유익하다. 이 책은 교회 성도와 교역자를 위해 시의적절하며 중요하고 매우 필요한 메시지를 전한다. 사람들 대부분이 자신의 정신건강에 대한 지식이 늘었는데, 어떤 사람은 다른 사람보다 더 심각한 정신적 질병과 씨름한다. 이 책은 우리가 함께 씨름하고 있다는 사실을 조명해 준다."

엘리너 마고완, 영국 FIEC 여성사역 국장

"최근 몇 년간 정신건강 문제로 고통을 겪은 사람으로서 나는 헬렌과 스티브가 쓴 이 책의 출간이 매우 기쁘다. 이 책이야말로 내가 바라던 것 그 이상이다. 지혜가 충만하고, 따뜻하며, 긍휼과 실제적 도움이 있어서 풍성한 소망을 우리에게 준다. 나는 모든 교회 성도가 이 책을 소유하도록 격려할 작정이다."

안드레아 트레베나, 영국 세븐옥스 소재 성니콜라스교회 여성 사역자

역자 서문

하재성 _ 고려신학대학원 목회상담학 교수

 헬렌 손과 스티브 미즐리의 『정신건강과 교회』의 번역 작업에 참여하게 된 것은 큰 특권이었습니다. 왜냐하면 이 책은 오늘날 정신건강 문제로 어려움을 겪는 이웃과 성도들이 점점 늘어나는 시대에 우리 교회가 무엇을 해야 할 것인가를 안내해 주는 실제적인 안내서이기 때문입니다. 비록 이 책이 영국 사회와 교회를 배경으로 하고 있으나 저자들은 근본적으로 불안, 우울, 중독, 정신증 등 문화와 상관없이 오늘날 인류가 공통적으로 경험하고 있는 정신적 고통을 다루고 있습니다.

 우울증이나 조현병처럼 힘든 병을 앓는 분들의 고민이 있습니다. 그것은 차라리 사고나 신체적 질병으로 몸이 아팠으면 좋겠다는 것입니다. 왜냐하면 몸이 아프면 사람들이 안 됐다고 여기며 위로해 주는데 정신적 질병이 있다고 하면 이상하게 여기고 외면하기 때문입니다. 정신적 질병이 가진 낙인(stigma)이 의외로 커서 환자들은 많은 고통을 받고 주변의 이웃들은 당황스러워하고는 합니다.

 하지만 그리스도의 몸인 교회는 철학자 조사이아 로이스(Josiah Royce)가 표현한 것처럼 하나님 보시기에 "사랑스러운 공동체"(beloved community)입니다. 현대 사회의 어려움과 도전이 어떠하든지 하나님의 형상인 인간을 이해하고 이웃 사랑을 실천하는 데 이만한 인간 공동체는 없습니다. 교회는 많고 다양한 문제들을 맞설 수 있는 영적, 실제적 지원을 많이 소유하고 있습니다.

그럼에도 불구하고 정작 정신적 어려움을 호소하는 성도들을 만나면 당황하거나 성급하게 덮으려 하고, 더 힘들 때는 외면하려 합니다. 이 책은 이처럼 갈수록 증가하는 정신적 어려움으로 고통받는 이웃들을 교회 차원에서 어떻게 도울 수 있을지 그림을 그려 주는 안내서입니다. 때로 성도들이 맞닥뜨린 정신적 질병의 문제들이 가족이나 교회 입장에서 볼 때 막막하게 보이지만 이 책은 그 어려운 문제들의 본질을 이해하고, 우리가 가진 자원을 돌아보게 하며, 현장에서의 영혼 돌봄을 진두지휘하는 구조 안내서와 같습니다.

그러므로 하나님과 사람에게 더욱 사랑받는 공동체를 세우기 원하는 교회나 공동체가 있다면 이 책이 많은 통찰력을 줄 것입니다. 소외된 이웃들을 더욱 세밀하게 돌보기 원하는 교회의 사역자와 리더, 정신적 질병으로 힘겨워하는 가족들을 복음과 사랑으로 더 잘 돌보기 원하는 구역이나 목장의 식구들에게 이 책을 권합니다. 특수 사역을 기획하거나 이웃을 위한 아웃리치 프로그램을 준비하는 교회의 팀을 위해서도 이 책은 매우 유익할 것입니다. 책을 한 번에 읽고 서로 토론을 해도 유익하고, 몇 주간에 걸쳐 각 장을 읽고 책에 있는 성찰을 위한 질문들을 나누어도 자기 교회 상황에서의 지혜로운 길을 찾는 데 도움이 될 것입니다.

참고를 위해 이 책의 각 장 내용을 간략히 소개해 드리면 다음과 같습니다.

1부는 개략적인 서론으로 교회에서 경험할 수 있는 정신적 질병의 모습과 이들을 위한 가능한 처방들이 어떤 것인지 보여 줍니다. 1장은 표나지 않게 정신적 질병과 싸우고 있는 성도들의 현실에 대해 말해 줍니다. 교회 안에서 깔끔한 복장과 밝은 미소 뒤에 숨어 있는 성도들의 불안과 눈물은 관심을 가지고 자세히 바라보지 않으면 놓치기 쉽습니다. 더군다나 마약이든, 술이든, 중독 가운데 살아가는 '불성실한' 교인들을 돌보기란 좀처럼 쉽지 않습니다. 육체적 질병에 비해 정신적 어려움에 대한 사람들의 편견은 단순하고 강합니다. 그리고 힘들어하는 분들을 도우려 하다가도 그분들의 어려움에 대한 낮은 이해력 탓에 금방 놀라 지쳐 버릴 수 있습니다. 하지만 전문가가 아니라 해도 조금만 노력을 기울이면 교회는 한 가족, 한 몸인 공동체가 어떤 것인지 진정으로 경험할 수 있습니다. 그것은 곧 우리 구주를 함께 예배하는 모든 성도를 향한 부르심이기 때문입니다.

2장은 정신건강의 문제를 어떻게 진단할 수 있는지 안내합니다. 신체적 건강은 흑과 백으로 구분되거나 수치화될 수 있지만 정신적 질병은 스펙트럼, 곧 정도의 차이로 인지합니다. 보통 정신 장애는 그에 대한 진단통계편람(DSM)을 통해 진단을 내리고 환자를 분류합니다. 하지만 스펙트럼의 특성은 환자를 구별하여 낙인을 찍기보다 모든 교인이 사실은 그 일부일 수 있음을 자각하게 합니다. 무엇보다도 이미 성경에서 하나님은 깊은 두려움에 처한 사람들을 위로하셨기에 교인이라면 누구든, 비록 전문가가 아니라도, 어떤 모습으로든 도움의 자원을 제공할 수 있습니다.

3장에서는 성경의 관점에서 정신적 질병을 어떻게 이해할 수 있는지 알게 해 줍니다. 정신적 어려움을 일으키는 것은 삶에서 경험된 사건들일 수도 있지만 사회나 문화의 풍조일 수도 있습니다. 그리스도인들은 정신적 질병이 믿음이 미성숙하여 발생한다고 믿을 수 있지만 그것은 사실과 다릅니다. 성경은 모든 인간이 대단하고 기묘하게 지음을 받은 존재이지만 죄악 중에 출생하였으며, 새로운 피조물로 지음을 받았으나 여전히 죄의 본성과 싸운다고 말합니다. 정신적 어려움에 대한 단순한 대답은 없습니다. 그리고 궁극적인 고통의 해결은 새 창조와 더불어 올 것입니다. 그러나 교회는 지금 여기서도 복음의 열매를 맺게 합니다.

4장에서는 뇌와 약물 복용의 복잡성에 대해 말합니다. 정신적 질병이 뇌 작용의 결과인지 아니면 뇌 작용의 결과 정신적 질병이 생기는 것인지를 밝히는 것은 매우 어려운 일입니다. 더군다나 약물의 과도한 처방은 문제를 생물학적 요인으로만 보는 오류를 범하는 것입니다. 하지만 약물 사용을 부당하게 거부하는 것 역시 지혜롭지 못합니다. 그러므로 약물 처방은 고통스런 증상 완화의 방법일 뿐이므로, 항우울제, 불안완화제, 항정신증제 등은 반드시 의료진의 감독 아래 부작용을 충분히 인지하고 복용해야 합니다.

5장에서는 상담 치료에 대해 이야기합니다. 예컨대 정신 역동적 치료는 성숙한 감정 처리 방법을 터득하게 하고, 행동 치료는 불안 수준을 감소시킵니다. 인지 행동 치료는 그릇된 생각과 부정적 감정을 멈추게 하고, 내담자 중심의 비지시적 상담은 수용적인 관계 제공을 통해 성장의 맥락을 제공합니다. 이처럼 다양한 상담 기법에는 사람을 존중하는 경청과 이해와 교육이 포함됩니다. 하지만 반드시 복음의 은혜와 말씀의 능력으로 이런 치료들을 능가하는 상담 치료를 할 수 있습니다.

2부에서는 교회가 정신적 어려움을 겪는 이들을 위하여 무엇인가를 반드시 해야만 한다는 전제하에, 6장에서는 성경 공부와 세미나, 도서와 자원, 간증 등을 통해 교회 안에서 정신건강 문제에 대한 인식을 높이는 구체적인 방법들을 제안하고 있습니다. 7장은 가족 관계나 동료 교인들과의 관계에 상처를 입고 고립되어 힘들어하는 사람들의 힘든 인생 여정을 여러 사람이 함께 협력하여 동행할 수 있도록 격려합니다. 교회 공동체는 서로 역할을 분담하여 함께 걷기, 청소, 기도 등의 역할을 함께하면서, 찬양과 애통, 기도와 예배를 통해 고통 중에도 하나님과 관계를 맺도록 격려하게 합니다.

8장에서는 정신적 질병으로 인해 하나님이나 성경 말씀에 대한 이해가 어떻게 왜곡될 수 있는지 살피며, 정신적 질병이라는 냉혹한 현실의 경험과는 달리 하나님이 그들을 자녀로서 얼마나 보배롭게 여기시는지 기억하도록 돕습니다. 또한 9장에서는 교회의 영혼 돌봄에 있어서 한 걸음씩 나아갈 것을 요청합니다. 사람들은 자신이 진실하고 의미 있는 관계 속에서 사랑받는다는 사실을 알 때 변하기 시작합니다. 하나님이 자신을 사랑하지 않는다고 믿는 우울한 사람들을 조금씩 격려할 때 느리지만 놀라운 변화를 가져올 수 있다고 말해 줍니다.

10장은 어려움을 겪는 이들에게 어떻게 실제적 자원을 공급할지 안내합니다. 쇼핑과 요리, 청소와 이동, 글쓰기와 이동, 일상적인 대화 등 실제적인 필요를 제시하고, 대화, 기도, 쉼, 웃음, 찬양 등의 기회를 소개합니다. 그리고 오랜 기간 누군가를 돌보는 사람들에 대해 관심을 가지고 점검할 것을 요청합니다. 이어서 11장에서는 개인의 비밀 유지, 자해와 자살의 예방, 개입의 시기와 방법, 기록의 보관, 정신적 질병과 영적 전쟁의 관계 등 공통적인 질문들을 다룹니다.

마지막 3부에서는 현장에서의 돌봄에서 나타나는 몇몇 사례들을 다룹니다. 그래서 12장에서는 불안이 심했던 여성 환자에게 개인적으로는 약물 복용을 권하면서, 교회의 차원에서는 인식을 높이고,

친구 관계를 연결시키며, 하나님을 예배하고 그리스도를 닮아가는 하나님의 자녀로서의 정체성을 갖도록 돕습니다. 13장에서는 우울증으로 고통받는 남성을 어떻게 이해하고, 그로 하여금 우울증에 대한 이해도를 높이고 어떻게 인간관계를 조금씩 확장할 수 있었는지를 보여줍니다. 그것은 우울증이 완치되어서가 아니라 여전히 우울감이 있을 때조차도 예배와 공동체 생활에 참여함으로써 가능합니다.

14장은 중독자의 돌봄에 관한 이야기입니다. 중독자라도 교회에서 자신이 혼자가 아니라는 사실을 알면 위로와 자신감을 얻을 수 있고, 주님의 동행과 사랑과 용서를 일상에서 보기 시작할 때 자신의 아름다움을 볼 수 있습니다. 부정적인 신념들이 순간순간 떠오를 때 자신을 다르게 보시는 하나님을 의지한다면, 중독이 여전히 남았다 해도 진정한 회복이 가능하다고 보여 줍니다.

15장은 정신증 사례를 다루면서 교인들의 작은 관심과 간단한 대화가 환자에게 큰 소속감을 줄 수 있다고 이야기합니다. 비록 정신증이 갑작스런 행동이나 소리로 예상치 못한 경험들을 교인에게 준다고 해도, 교회는 주일 예배 후 주보를 정리하는 것처럼 작은 일에 참여하도록 기회를 제공함으로써 질서의 하나님에 대해 자연스럽게 나눌 수도 있습니다. 그 역시 사람들이 자신과 함께 시간을 보낸다는 사실에 새삼 새로운 기분을 느낄 수 있습니다.

끝으로 16장은 돌보는 이들을 위한 돌봄에 대한 이야기입니다. 누군가를 돌보는 사람들의 정신 건강은 아무리 강조해도 지나치지 않습니다. 그들의 고립감을 완화시키고 거식증과 같은 정신 질병에 대한 실제적인 정보를 제공함으로써 교회는 돌보는 이들이 도움을 얻게 하고, 도움 받는 것에 대한 거부감을 완화시킬 수 있습니다. 무엇보다 이 모든 상황을 선하신 하나님이 통제하신다는 사실을 아는 것은 인생의 흑암과 탈진의 위험 속에서 하나님을 신뢰하는 것이 얼마나 실제적이고 유익한 일인지 알게 할 것입니다.

비록 복잡하고 다양한 삶을 살아가고 있는 현대인들이지만 교회는 그들을 위한 소망의 공동체가 될 수 있습니다. 이를 위해 이처럼 함께 시혜를 보아 어려운 이들을 공감하고 놀볼 수 있다면 교회는 21세기에도 힘 있게 성장할 수 있습니다. 참 상담자이신 보혜사(the Counselor) 성령님이 그리스도를 닮아 가는 교회의 사역에 기름 부으시고 상한 마음을 고쳐 주시는 역사를 멈추시지 않을 것이기 때문입니다.

차례

추천의 글   4
역자 서문 _ 하재성 교수   8

1. **교회 생활의 현실**   21
   교회 성도 중 정신건강 문제를 겪는 이를 아는가?
   교회는 이들을 위해 어떤 지원을 하는가?

● **제 1 부 : 정 신 적   질 병   이 해 하 기** ●

2. **정신적 질병 진단하기**   39
   누가 건강하고 누가 아픈지 어떻게 아는가?
   신체적 질병과 정신적 질병을 다르게 보아야 하는가?

3. 정신적 질병에 대한 성경적 이해   51
    정신건강 문제의 원인은 무엇인가?
    인간에 대한 성경적 관점은 어떻게 도움을 주는가?

4. 약물 처방에 대한 개요   68
    정신과 약품 복용의 효과와 부작용은 무엇인가?
    그리스도인은 정신과 약을 복용해서는 안 되는가?

5. 상담 치료의 이해   81
    상담 치료의 종류와 그 특징은 무엇인가?
    기독교 세계관은 상담 치료를 어떻게 바라보는가?

● **제2부: 우리는 무엇을 할 수 있는가?** ●

들어가며   101

6. 인식을 높이도록 도우라   106
정신건강 문제에 대한 교회의 인식은 어떤가?
인식을 향상시키기 위해 무엇을 할 수 있는가?

7. 관계를 회복하도록 도우라   120
정신건강 문제를 겪는 사람에게 친화적인가?
어떻게 안전하고 지혜롭게 동행할 수 있는가?

8. 정체성을 기억하도록 도우라   134
하나님에 대한 관점은 어떤 영향을 주는가?
하나님은 우리를 어떤 존재로 보시는가?

9. 계속 정진하도록 도우라   149
정신건강 문제를 겪는 사람의 변화를 기대하는가?
치유에 대한 소망을 어디서 찾을 수 있는가?

10. 실제적으로 도우라   163
실제적인 자원을 공급하는 시스템을 갖추었는가?
돌봄을 베푸는 사람에게는 어떤 지원을 하는가?

11. 공통적인 질문   174
보호 조치가 필요한 경우는 언제인가?
정신적 질병과 영적 전쟁의 관계는 무엇인가?

● 제 3 부 : 실 천 현 장 에 서 의 돌 봄 사 례 ●

들어가며   193

12. 불안에 대한 사례   196
    불안 장애를 겪는 사람을 어떻게 이해하는가?
    그들에게 필요한 도움은 무엇인가?

13. 우울증에 대한 사례   210
    우울증을 겪는 사람을 어떻게 이해하는가?
    그들에게 필요한 도움은 무엇인가?

14. 중독에 대한 사례   224
    중독에 빠진 사람을 어떻게 이해하는가?
    그들에게 필요한 도움은 무엇인가?

15. 정신증에 대한 사례   238
    정신증을 겪는 사람을 어떻게 이해하는가?
    그들에게 필요한 도움은 무엇인가?

16. 돌보는 이에 대한 사례   249
    돌봄을 베푸는 이를 교회가 보살피고 있는가?
    그들에게 필요한 자원은 무엇인가?

후기 _ 이 책을 저술한 이유   262

1.
교회 생활의 현실

교회는 성가신 장소이다. 하지만 항상 그렇게 보이지는 않는다. 우리는 때로 교회에 가면 모든 사람이 잘 지내고 있다는 인상을 받는다. 하지만 그들 중 많은 사람이 그렇지 않다. 밝은 미소와 웅성거리는 대화 뒤에서 그들은 무언가 힘든 문제와 씨름하고 있다.

그것은 타락의 결과 가운데 하나이다. 인류가 더는 하나님의 길을 따르지 않기로 결심한 그 순간이 창세기 3장에 기록되어 있다. 그 후로부터 우리 모두의 몸은 원래 만들어진 대로 제대로 작동하지도 않고, 마음은 길을 잃었고, 정신은 이 모양 저 모양으로 고장 나고 말았다. 타락 이후 우리는 질병을 참 많이 겪어 왔고 그 고통의 유산과 더불어 살아야 했다.

어떤 사람은 그런 어려움을 다루기가 상대적으로 쉽다. 병원 진료나 목회자의 부단한 지원이 조금도 필요 없는 소량의 스트레스, 이따금씩 하는 걱정, 가벼운 통증 정도의 문제만 있기 때문이다. 하지만 어떤 사람에게는 삶의 고통이 생각보다 깊이 찾아온다. 그들은 위중한 질병에 따른 후유증이나 관계의 깊은 상처와 오랜 기간 싸우고 있다. 그리스도 안에서 형제자매된 이들 가운데는 평생 마음의 갈등에 사로잡힌 이들도 있다. 어지러운 생각, 감정, 충동 그리고 환청과의 오랜 싸움이 그들을 절망으로 밀어 넣는다.

우리가 속한 교회의 회중에게 눈을 돌리면, 지금 어려움을 겪는 사람들, 고통을 나누고 도움을 요청했던 사람들을 쉽게 떠올릴 수 있다. 슬픈 일이지만 교회에 왔다가 그냥 떠나버린 사람들, 함께하려 애썼으나 결국 떠나버린 사람들도 기억날 것이다. 의심의 여지없이 우리가 그 어려움을 다 헤아리지 못할 사람이 앞으로도 있을 것이다. 정신적 질병과의 싸움은 보통 마음속 깊이 숨어 있기 때문이다.

아마도 우리가 알 수도 있는 사람들

아마도 우리는 이런 사람들을 만난 적 있을 것이다.

챠이(Chi)는 어릴 때부터 그리스도인이었다. 그녀는 예수님을 마음 깊이 사랑했고 자신의 삶을 다 드려 그분을 섬기기 원했다. 매주 주일마다 그녀는 예배에 출석했고 매주 수요일마다 소그룹에 참여했지만 말은 한마디도 하지 않았다. 그렇다고 사람들을 사랑하지 않은 것은 아니다. 하나님의 말씀을 소홀히 묵상한 것도 아니다. 그녀는 그저 두려움에 사로잡혔다. 틀린 말을 하거나 혹시 같은 공간에 있는 누군가를 불편하게 하는 말을 하지는 않을까 극심한 공포를 느꼈다. 밤에는 공황발작과 싸웠다. 위경련이 하루 종일 그녀를 시름시름 마르게 했다. 그리고 그녀는 눈물을 흘렸다. 인생이 너무나 절망적으로 느껴졌다. 그녀는 이렇게 살지 않기를 바랄 뿐이다.

앤디(Andy)는 젊은 미혼자로서 지적이며 자기 일에 탁월하다. 보통 그는 성경 공부 모임의 생명이자 영혼이다. 언제나 경쾌하게 농담을 던지며, 남을 도우려 하고, 친교 행사를 계획한다. 하지만 최근 몇 달은 무언가 일이 잘못되는 것 같았다. 서서히 진행되긴 했지만 가까운 친구 두 명은 눈치채고 있었다. 에너지가 많이 떨어지고, 열정이 줄고, 평소와 다른 울적한 모습을 보였다. 친구가 여럿 있었지만 앤니는 점점 혼자라고 느꼈다. 타고난 자신감이 변해 패배감을 느꼈고 다른 사람을 실망시킬 거라는 생각에 사로잡혔다. 이른 새벽은 최악이었다. 잠에서 깨면 어두운 방에 누워 자신은 사랑스럽지 않으며 무가치하다고, 자기만 없으면 세상이 더 나아질 거라고 믿었다. 생각이 매우 어두워져서, 그의 인터넷 검색 기록을 보면 사람들이 어떻게 자신의 삶을 끝냈는지 검색한 것을 볼 수 있다.

기껏 어쩌다 한번 교회에 출석하는 시오반(Siobhan) 같은 사람을 잘 알 것이다. 그녀의 인생은 과거에서부터 현재까지 이어진 학대로 얼룩졌다. 무엇이든 그 고통이 떠오르면 그녀는 낙담했고, 매일 술을 마셨다. 그녀의 방에는 빈 병과 비닐 봉지가 뒹굴었다. 어떤 때는 대마나 가끔 헤로인 같은 마약을 구입하기 위해 가족과 친구에게 빌리거나, 심지어 슬쩍한 돈이 바닥에 굴러다녔다. 그러나 정신이 맑을 때는 하나님의 말씀을 읽고 기도하기를 좋아했다. 술을 끊어 보려고 여러 번 시도했지만 결국에는 술이 이겼다. 사람들 대부분이 이미 오래전 그녀에 대한 기대를 놓아 버렸다.

우리는 자주 벤(Ben) 같은 사람을 만난다. 그는 20대 초반부터 병을 앓았다. 여러 환청이 들렸고 현실 감각이 사라졌다. 부모님은 여전히 그를 지지하며, 교회에 함께 가서 예배를 드린다. 하지만 가끔은 정말 많이 힘들다. 정신증적 증상이 심해지면 벤은 자신이 다시 성육신하여 새로운 계시를 받은 예수라고 확신했다. 증상이 약화될 때에도 그는 생각을 정리하고 현실 감각을 찾는 데 여전히 어려움을 겪는다. 약을 복용하면 도움이 되지만 거기에는 부작용이 따른다. 그래서 약 먹기를 주저한다. 가만히 앉아 있는 것을 힘들어해서 자주 예배 시간에 뒤쪽에서 왔다 갔다 하고, 담배를 피기 위해 밖으로 나가 서성대다가 들어온다. 벤은 가끔 소그룹에도 참여하지만 자신을 표현하기가 힘들다. 자신이 나눌 차례가 되면 망상적인 신념을 부적절하게 표현하고, 나머지 시간에는 마치 생각이 딴 데 있는 사람처럼 다른 곳을 쳐다보며 앉아 있다. 사람들은 그를 사랑하기 원하지만 어떻게 해야 할지 모른다.

혹시 켈리(Kelly)는 어떤가? 그녀는 사랑스럽고 경건한 여성이다. 재능도 많고 겸손하며 친절하다. 교회에서 사람들이 일대일로 함께 성경 읽기를 하고 싶어 할 만한 여성이다. 하지만 그녀는 십 대인 막내딸이 눈앞에서 사라져 버릴까 두렵다. 왜 딸이 음식을 먹지 않는지 이해되지 않는다. 딸의 팔에 그은 칼자국도 도저히 모르겠다. 작년 이맘때만 해도 가족은 참 행복했다. 식사 시간은 즐거웠고, 가족과 정서를 공유하며 억누르지 않았다. 하지만 무언가가 어딘가에서 터지고 말았다. 지금은 딸이 저지르는 자해 행위 앞에 무능함을 느낀다. 진수도 다른 누구도, 정말 아무것도 도움이 되지 않는다.

우리가 여기에 덧붙일 수 있는 다른 이야기가 참 많다. 공포증, 성격 장애, 집착과 플래시백(flashback) 등을 앓는 사람의 이야기이다. 그들은 조증에서 울증까지, 반복되는 양극성 장애의 롤러코스터를 타기도 하고, 예상치 못한 충동 때문에 "내가 미쳐가는 걸까?"라고 조용히 생각한다. 통계를 보면 전 세계적으로 여섯 명 중 한 명이 지난 주간에 정신건강 문제를 겪었다. 심각한 우울증은 장애를 일으키는 두 번째 주된 원인이다.[1] 이것이 현실이다. 그리고 여기 우리가 처음으로 기억할 것이 있다. 정신적 질병은 예외적이거나 드문 일이 아니다. 모든 교회에 나타나는 흔한 현상이다.

---

1 www.mentalhealth.org.uk/statistics/mental-health-statistics-uk-and-worldwide (2022년 8월 11일 검색).

정신적 질병은 어렵다

정신건강 문제로 갈등을 겪는 일은 견디기 힘든 고통이다. 모든 사람이 특별한 이야기를 가진다. 그러나 이 괴로움을 아는 사람들 사이에는 공통된 주제가 있다. 부정적인 생각이라든가, 고양된 (혹은 침체된) 기분, 매일 싸워야 하는 충동 같은 심각한 부담 말이다. 무언가를 결정하는 일이 불가능하게 느껴지고, 다른 사람과 관계를 맺는 일은 외국어로 소통하는 것만큼 복잡하다. 아침에 침대에서 일어나야 한다는 부담부터 업무에 집중해야 하는 불가능에 가까운 일까지…. 마음에 너무 많은 일이 뒤죽박죽이어서 잠을 이룰 수 없다. 삶이라고 하는 이 단순한 행위가 끝없이 힘들게 느껴진다.

약을 복용하는 일도 힘든 도전이 될 수 있다. 처방받은 약은 여러 모로 도움이 되고, 가끔은 그 약이 삶을 건강하게 기능하게 하는 데 필수적이다. 다만 "이러면 안 되는데…." 하는 느낌을 주는 부작용도 자주 나타난다. 자신이 자신처럼 느껴지지 않는다. 그러면 약물 복용에 기대기가 어려워질 수 있다. 그러나 이러한 의학적 고려보다 더 중요한 것은 정신 질환이 사람을 고립시키고 '타자화'하는 느낌을 준다는 점이다. 이는 자신이 다른 사람들과 다르다고 느끼게 하는데, 그 누구도 군중으로부터 소외되기를 바라는 사람은 없다. 오해를 받는다거나, 혹은 적어도 그렇게 느끼게 되는 일이 너무도 흔하다.

최근 몇 년 사이, 서구 사회에서는 정신건강 문제를 가진 사람에 대한 이해와 공감을 넓히려는 노력에 큰 진보가 있었다. 하지만 여전히 정신적 질병에 대한 낙인이 있다. '정신 나간', '싸이코' 혹은 '미친'이란 말들은 종종 깊은 상처를 남긴다. 여러 국가가 정신건강 문제를 겪는 이들이 작업장에서 부당하게 불이익을 당하지 않도록 보호하는 법을 제정했다. 하지만 고통을 겪는 사람은 자신이 겪는 갈등을 공개하기가 어렵다. 진급의 기회를 잃을지 모른다는 두려움 때문이다. 아니면 동료가 자신을 다르게 보거나, 일하는 능력을 의심할 것이기 때문이다.

심지어 지역 교회에서조차 소외되지 않을까 하는 두려움에, 혹은 믿음이 연약한 사람처럼 보일까 하는 우려에 나누기를 꺼릴 수 있다. 사람들은 정신과 진단을 받은 성도보다 암에 걸린 성도에게 더 가까이 다가갈 것이다. 정신적 질병은 혼란스럽고 이상하고 전문가나 다룰 수 있는 영역이며, 잠재적으로는 교회가 지속적으로 돌보기에 너무 오랜 시간이 소요되는 문제라고 생각하기 때문이다.

안타깝게도 정신건강 문제를 공개한 사람은, 좋은 의도라 하더라도 오히려 상황을 악화시키는 말을 들어 왔다. 그들이 남을 조종한다거나, 게으르다거나, 법석을 떤다거나, 소란을 일으킨다거나, 충분한 믿음이 없다거나 하는 그릇된 비난을 받는 경우가 쉽게 발견된다. 여전히 그들은 바로 빠져나와야 한다거나 스스로 정신을 가다듬어야 한다고 생각한다. 할 수만 있다면 대부분 그렇게 했을 것이다. 그렇게 간단하게, 그렇게 짧은 시간에 변화가 일어날 수 있다면 얼마나 좋을까?

외부의 목소리가 도움이 될 때에도, 그들을 흔드는 내부의 목소리가 있다. "예수님을 진정 믿는다면, 이렇게 되지 않았을 거야." "기독교 신앙의 목적은 기쁨, 평화, 절제 그리고 승리의 믿음을 갖는 것인데, 나는 왜 이렇게 느끼고 있을까?" 이런 생각은 종종 죄책감을 심어 준다. 그리고 슬픔, 두려움, 충동과 좌절로 가득한 마음을 가진 사람을 하나님은 어떻게 보실지 궁금해진다. 이런 생각은 그리스도인을 쿡쿡 찔러서 자신이 지금과 다른 형편으로 바뀌어야만 비로소 주님과 그분의 백성이 좋아할 것이라고 믿게 한다.

정신적 질병을 앓는 사람과 함께 동행하는 일은 생각보다 복잡하다. 하지만 정신건강 문제를 겪는 사람을 지지하는 일 역시 어려울 수 있다.

내가 개입할 수 없는 이유들

두 가지 생각을 연결시킬 수 없는 것, 무엇이 옳고 그른지 분별할 수 없는 것이 얼마나 힘든지 모를 것이다. 그런 고통을 직접 겪은 적이 없다면 이 문제로 분투하는 사람이 겪는 일을 이해하기란 정말 어려울 수 있다.

도울 일이 발생했을 때 어디서 시작해야 할지 알기 어려울 수도 있다. 몸에 필요한 것부터 시작하면 좋을까? 가끔은 그들에게 큰 도움이 되는 쇼핑을 할 수도 있다. 혹은 그들이 필요한 서비스를 받을 수 있도록 방법을 안내해 주어야 할까? 자신의 고통에 대해 말할 때 경청하는 것은 어떨까? 아마도, 우리는 어쨌거나 믿는 사람이니까, 그들과 함께 성경 말씀을 읽어야 할까? 기도는 어떤가? 그러나 하나님께 무엇을 구해야 할까? 회복을 위해, 도움을 위해, 소망을 위해 우리는 기도하고 있는가?

우리 가운데 어떤 이는 아마도 과거에 그들을 도우려 했다가 심신이 지쳐버렸을 수 있다. 다시 똑같은 것을 경험하고 싶지 않다. 늦은 밤이나 이른 아침의 전화 벨소리, 제자리를 빙글빙글 도는 대화, 만나기로 했다가 마지막에 가서 거듭 취소되는 약속, 드러나는 변화의 부재 등은 우리를 털썩 주저앉힐 수 있다. 그렇다고 우리가 무관심한 것은 아닌데, 우리는 마치 필요한 만큼의 돌봄을 베풀 능력이 없다고 느낀다.

아마도 우리는 중독, 거식증, 혹은 자살 등으로 누군가를 잃는 것이 얼마나 고통스러운지 알 것이다. 그 고통의 크기는 이루 말할 수조차 없다. 그 슬픔은 정말 견디기 어렵다. 지난번에도 제대로 도울 수 없었는데, 무엇이 달라졌다고 지금은 다른 사람을 도울 수 있다고 생각하겠는가? 도울 수 있다는 자신감이 사라진 것보다 더 심각한 일은, 주님을 향한 우리의 확신조차 유지하기 어렵다는 사실이다. 어쨌든 주님이 진정 전능하고 선하신 분이라면, 주님은 왜 바르게 나아가는 방향으로 일하시지 않았을까? 왜 그 일이 그렇게 끔찍하게 끝나고 말았을까?

정신적 질병은 전문가의 영역이라고 말하는 사람을 찾기란 어렵지 않다. 교회에 다니는 우리 대부분은 시중에 나온 다양한 정신적 질병에 대한 생화학적, 사회적, 영적인 이론에 대해 미숙한 이해를 가졌다. 가끔 우리의 말 못 할 걱정은 그보다 훨씬 더 심각하다. 짐작컨대 믿음에 대해 이야기한다면 혼란을 가중시킬 것이다. 그래서 우리는 안전 문제를 생각해야 한다. 제대로 훈련받지 못한 사람은 유익보다 해를 끼칠 수 있다. 우리가 듣는 바로는 고도의 전문성을 가진 사람만이 개입을 시도해야 한다. 만일 문제를 회피할 방법만을 탐색하고 있는가? 그렇다면 이 모든 말이 설득력 있게 들릴 것이다.

또 교역자에게는 자원과 시간을 어떻게 배치해야 할지 매우 현실적인 긴장이 존재한다. 우리가 돌보아야 할 많은 양 떼가 있다. 그렇다면 그 몇몇 사람의 요구에 어느 정도까지 초점을 맞추어야 하는가? 그 몇 사람을 돕기로 헌신하는 것이 다수에게는 공정하지 않고 오히려 더 큰 손해를 끼치는 일은 아닌가? 그리고 더 근본적으로, 우리의 부르심은 무엇인가? 목사와 교사로서의 성경적 역할은 정신적으로 건강하지 못한 이에 대한 돌봄을 포함하는가, 아니면 그 높은 부르심은 이와는 다른 영역에 있는가?

정신건강에 대한 우리의 개인적 경험을 생각하면 어떤 사람은 더욱 물러서고 싶은 유혹을 느낄 수 있다. 아마도 우리는 자신의 우울증, 불안, 혹은 다른 갈등을 너무나 민감하게 느낀 나머지 그저 줄 수 있는 게 아무것도 없다고, 어쨌든 지금은 아니라고 느낀다.

그러나 이 모든 복잡한 상황에도 불구하고, 한 가지는 분명하다. 지역 교회가 스스로 할 수 있는 행동을 할 때, 모든 성도를 기다리는 결과는 부담이 아닌 기쁨일 것이다.

교회는 아름다워질 수 있다

잠시 생각해 보자. 이런 교회를 꿈꿀 수 없을까?

한 가족이 되어 정신건강 문제를 겪는 형제자매가 그리스도 안에서 환영을 받고, 판단받을 두려움 없이 적극적이고 개방적으로 자신의 어려움을 나누는 교회. 그 누구도 우울증, 자살, 혹은 중독에 관한 이야기를 회피하지 않고, 삶이 진심으로 공유되는 교회.

한 몸이 되어 모든 성도가 좋은 날과 나쁜 날에도 서로 진심으로 공감하는 교회. 즐거워하는 자와 함께 즐거워하고 우는 자와 함께 우는 교회.

한 무리 양 떼가 되어 모든 성도가 영적 필요를 공급받고 격려를 받아 그들의 목자이신 왕을 계속 따르는 교회. 양 떼의 필요란, '한 가지 방식으로 모두에게 맞추는 것'이 아님을 이해하는 교회. 어떤 사람은 걸을 수 있고 어떤 사람은 업어 주어야 하며, 그것이 아무런 문제가 되지 않는 교회.

한 장소에서 모든 성도가 자신의 은사를 사용할 수 있는 교회. 비록 정신건강 문제가 있어도 그들도 그리스도의 몸된 지체이기 때문에 모두 필수적이며, 그래서 적절한 지원이 있다면 그들도 섬길 수 있는 교회.

한 사귐으로 여러 자원이 공유되어 한 사람도 물질적 궁핍을 겪지 않는 교회. 무엇을 되돌려 받을까 조금도 생각하지 않고 은사가 나누어지는 교회.

한 공동체로서 모든 성도가 서로를 지지하는 데 적극적인 교회. 그래서 어떤 사람도 모든 일을 혼자 짊어지는 바람에 탈진하는 일이 없는 교회.

한 회중이 되어 모든 성도가 사랑받고 안전을 느끼는 교회. 유연한 경계선이 모두의 유익을 위해 자리하는 교회. 모두가 그리스도와 같이 변화되는 기쁨을 아는 교회. 그리고 모든 일이 끔찍하게 잘못되는 불가피한 날에도 오래 참음을 추구하여 은혜가 넘치는 교회.

한 모임으로서 정신건강 문제를 겪는 사람을 돌볼 때 그 반문화적인 성격이 믿지 않는 세상으로 하여금 일어나 앉아 주목하게 하며 "이렇게 행동하는 제자들의 하나님은 누구이신가?"라고 묻게 되는 교회.

이런 교회를 상상할 수 있겠는가? 우리의 교회가 이렇게 되기를 상상할 수 있겠는가? 이것은 그저 환상일 뿐일까? 그저 책 한 권에 너무 많은 것을 부여하는 사람의 변덕스러운 집착인가? 전혀 아니다. 이것이야말로 성경이 명하는 우리를 향한 부르심이다.

우리의 부르심

바울 서신, 베드로 서신, 야고보 서신과 요한 서신, 사도행전의 서사와 우리 구주의 사역을 세밀하게 살펴보면(구약 시대에 하나님의 법에 따라 신실한 삶을 살았던 수 세기의 신자들은 말할 것도 없고), 일관성 있는 패턴 하나가 나타난다. 예배 공동체는 모든 예수님의 제자가 나아와 그 믿음 안에서 번영하는 장소로, 그 누구도 제외되지 않도록 설계되었다.

학대당한 사람, 마음에 상처를 입은 사람, 아픈 사람, 망상을 겪는 사람, 인생이 나락으로 떨어져 마모되고 소외된 사람. 이 모두에게 교회는 그리스도로 인해 인박한 집이 됩니다. 우울했던 엘리야, 학대받은 요셉, 두려움에 사로잡힌 모세, 절박했던 다윗, 괴로움 가운데 살았던 나오미, 과음을 했던 고린도의 신자들, 온갖 어려움 때문에 삶이 안에서부터 무너졌던 우물가의 여성. 이 모두가 적어도 하나님의 눈에는 예배하는 공동체의 존귀한 구성원이었다.

우리 시대에도 정신건강 문제를 겪는 사람이 단순히 이등 시민으로 초청받은 것은 아니다. 교회는 여전히 그리스도를 신뢰하는 모두에게 일등 시민을 위한 가정이 되도록 설계되었다.

천국의 이런 모습에 우리는 결코 완전히 도달하기는 어려울 것이다. 새 하늘과 새 땅에서 우리 모두가 완전한 몸과 마음으로, 우리의 완전하신 구주를 완벽하게 예배할 때 비로소 그와 같은 기쁨을 누릴 것이다. 하지만 그 시간이 이르기 전에 우리 모두는 점차 이해하게 될 것이고 우리의 교회는 이런 부분에서 아직 불완전할 것이다. 하지만 그리스도인의 삶의 많은 영역이 그렇듯, 우리는 새 창조의 아름다움을 지금 맛보기 시작할 수 있다.

지역 교회의 회중으로서 우리는 적어도 모든 그리스도인, 정신건강 문제로 갈등하거나 그렇지 않은 사람이 함께 성령과 진리로 하나되어, 사랑으로 관계 속에서 섬기며 소망하는 가운데 예배를 드리는 모습이 무엇인지 언뜻 볼 수 있다.

이것은 싸울 가치가 있는 부르심이다.

이 책의 목표는 당신을 정신건강 전문가로 만드는 것이 아니다. 지식과 지혜로 무장하고, 어려움을 겪는 사람을 향한 사랑과 긍휼의 태도가 자라도록 돕는 것이다. 오직 그리스도께서 우리 모두를 위해 보이신 긍휼을 다시 비추는 법을 배울 때에만 우리는 하나님의 영광과 주변 사람을 위해, 갈등을 겪는 사람을 환영하고 양육하고 자라게 하며 우리의 성경적 역할을 진정으로 감당할 수 있다.

하지만 무엇이 정확하게 정신적 질병인가, 그리고 성경은 그에 대해 무엇이라고 말하는가? 바로 이 지점에서 출발할 필요가 있다.

● 성찰을 위한 질문 ●

1. 정신적 질병으로 고생했던 경험이 있는가? 있다면 어떤 것이었는가? 다른 그리스도인이 당신에게 어떤 반응을 보였는가? 그들에게 당신의 문제를 이야기할 수 있다고 느꼈는가?

2. 정신적 질병으로 고통받는 사람과 어울리지 말아야겠다고 생각하는 이유 가운데 당신 마음에 가장 와닿는 것은 무엇인가?

3. 정신건강 문제로 갈등을 겪는 사람을 돕는 데 있어 당신이 출석하는 교회가 현재 하는 일에 대해 어떻게 생각하는가?

제 1 부
정신적 질병 이해하기

2.
정신적 질병 진단하기

정신건강에 대해 성경은 과연 무엇이라고 말하는가? 분명한 출발점은 그 말뜻을 이해하는 데서 시작된다. 정확히 말해 마음의 질병이란 무엇인가? '정신건강 문제' 혹은 '정신과석 상애'라고 할 때 그것은 무슨 뜻인가?

우선 그런 질문에 대한 대답은 비교적 간단해 보인다. 신체적 건강이 무엇인지, 몸이 아픈 것은 어떤 것인지 우리는 잘 안다. 만일 신체적 건강이 정신건강과 유사하다면 건강과 질병 사이의 경계선은 분명해진다.

월요일에 나는 몸도 좋고 컨디션도 좋았다. 그런데 화요일에는 독감에 걸렸다. 일주일 후에 니는 다시 건강해졌다. 나는 건강했지만 그다음에는 아팠다. 그리고 나는 다시 좋아졌다. 간단하다. 이 논리에 근거할 때 여기에는 두 가지 범주만 있다. 어떤 사람은 정신적으로 건강하고 어떤 사람은 정신적으로 아프다. 어떤 사람의 마음은 정상적으로 작동하고, 어떤 사람은 그렇지 않다. 문제는 현실이 그렇게 간단하지 않다는 사실이다. 경계선이 그렇게 간단하지 않다.

나는 건강한가, 아니면 아픈가?

잠시 멈추어 생각하면, 신체적 질병과 건강 사이 경계선이 그렇게 선명하지 않다는 사실을 알게 된다. 아직 암 진단을 받기 전이라면, 사실은 심각하고 위험할 정도로 아파도 스스로는 건강하고 좋은 상태라고 느낄 수 있다. 혹은 치료를 매우 잘 받아서 이제는 정말 건강하다고 느끼는 만성질환(갑상선 질환과 같은)을 앓을 수도 있다. 이런 경우는 우리가 하루하루 생활하는 데 조금도 영향을 미치지 않는다. 그렇다면 우리는 여전히 아픈 것인가, 아니면 다시 건강해졌다고 말해야 하는가? 고혈압과 같은 질병은 대개 우리의 느낌과 무관하다. 하지만 제대로 치료를 받지 않으면 미래에 매우 심각한 질병을 일으킬 수 있다. 그것은 질병인가 아니면 잠재적인 질병인가?

정신건강에 관한 한 상황은 더 복잡하다. 특히 정상과 비정상에 대한 의문이 훨씬 불명료하게 규정되기 때문이다. 고혈압은 구분할 만한 정상적 범주가 존재하기 때문에 인식할 수 있다. 그리고 연구에 따르면 높은 수치의 고혈압이 장기적으로 건강 문제를 일으킬 수 있다는 예측이 가능하다. 하지만 그것이 정신건강에는 어떻게 작용하는가? 스트레스가 통계를 기반으로 규정이 되는가? 스트레스 수준이 '일반적인 범주' 위에 있으면 우리를 아프게 하는가? 하지만 만일 우리가 전쟁 지역에 살고 있다면 어떤가? 높은 수준의 스트레스가 예상되지 않겠는가? 사실 그런 환경에서는 스트레스가 없다는 것이 오히려 이상하게 생각되지 않겠는가?

그래서, 이것은 단순히 주관적인 문제인가? 개개인이 자신을 위해 스스로 정신적으로 건강한지 아니면 아픈지를 결정해야 하는가? 그 말에도 일리가 있을 수 있지만 그렇게 되면 정신적 질병을 다른 형태의 질병과 매우 다르게 여기게 될 수 있다. 그래서 우리의 정신 기능을 객관적으로 측정할 필요가 있어 보인다. 하지만 그런 척도를 누가, 어떻게 만들 수 있을까?

정신적 질병의 여러 증상은 우리 모두에게 공통적이다. 우리 모두는 기분이 축 가라앉는다는 느낌이 어떤 것인지 알고 있다. 그리고 모든 사람이 가끔은 불안해진다. 하지만 우리는 이를 낮은 단계의 정신적 질병이라 여기지는 않는다. 일반적인 생활의 일부라고 생각한다. 다만 그런 경험이 오랜 시간 지속될 때 혹은 자주 재발할 때 혹은 점점 심해질 때 의학 용어가 사용되기 시작한다. '기분이 좀 가라앉는 느낌'이라고 말하는 대신 우리는 '우울한 상태' 혹은 심하게는 '우울증을 앓는 상태'라고 말한다.

환경도 역시 중요하다. 기분이 가라앉거나 불안을 느끼는 사람은 아마도 전염병을 앓거나 누군가와 사별했을 수 있다. 이는 우리가 이런 '증상'에 부여하는 의미를 변경시킨다. 왜냐하면 삶이 우리에게 미치는 영향을 알기 때문이다. 납득할 만한 '명분'이 있다면 그것은 우리가 정신적 고통에 대해 생각하는 방식을 바꾼다. 그럴 때 우리는 사용하는 언어조차 바꾸어야 하는가? 아니면 그 원인을 진단하기에는 부적절한가?

이런 복잡한 일을 마주하면서 이 글을 어떻게 앞으로 펼칠지 궁금할 수도 있다. 이번 장에서는 두 가지의 목표가 있다. 첫째는 정신과 진단에 대한 우리의 생각을 다시 바꾸어 설명이 아닌 기술(記述)로 보는 것이다. 우리의 두 번째 목표는 이 부분에서 경험하는 문제가 어떻게 우리 모두와 연결되어 있는지 보여 줌으로써 정신적 질병으로 갈등하는 사람이 느끼는 낙인을 제거하는 것이다.

얼마나 불안한가?

먼저 우리는 정신적 질병과 건강 사이의 경계선이 흔히 생각하는 만큼 뚜렷하지 않다는 사실을 알아야 한다. 흑과 백의 영역 대신 우리는 스펙트럼을 조우한다.

거미에 대해 느끼는 불안을 예로 들어보자. 그것은 매우 다양하다. 어떤 사람은 목욕통에 있는 거미를 보았을 때 보통 그것을 집어서 창문 밖으로 던질 것이다. 어떤 사람은 꼭 휴지로 집어 그렇게 할 것이다. 어떤 사람은 컵과 종이를 사용할 것이다. 어떤 사람은 친구를 불러서 거미를 치우게 할 것이다. 이런 '거미 공포'의 스펙트럼을 따라 더 움직여 보면 우리는 동물원에서 곤충관을 방문하지 않는다거나 자기 정원의 헛간에 들어가지 못하는 누군가를 만난다.

더 심한 사람은 친구 집 천장에 거미줄을 발견한 후로 방문을 회피해 왔다. 스펙트럼의 먼 끝에는 거미 공포에 사로잡혀 절대 집을 떠나지 않는 사람이 있다. 그런 사람은 집에서 보호복을 착용하고 매일 물인에 사로집피 적을 퇴치하기 위해 지속적으로 벽과 바닥 사이의 틈을 회반죽으로 메운다.

우리 가운데 많은 이가 거미를 무서워한다. 그런데 그 공포는 어떤 사람을 근원적으로 무력화시킨다. 첫 번째 범주는 '정상' 혹은 '완벽한 건강'이다. 물론, 독자가 만일 호주에 산다면 거미에 대한 반응은 잠재적으로 생사의 문제가 될 수도 있다. 두 번째 범주는 '비정상'이다. 이것은 우리가 '정신적 질병'이라고 기술하는 종류이다. 그러나, 정확하게 어디가 경계선인가? 어느 지점에서 정상적인 두려움이 거미 공포증이 되는가?

정신건강에 관한 많은 갈등이 스펙트럼에 이런 식으로 자리할 수 있다. 어떤 사람은 잘 믿는가 하면, 어떤 사람은 경계한다. 어떤 사람은 국가의 통제력 확장을 걱정하는가 하면 어떤 사람은 음모를 두려워한다. 적절한 주의력은 과연 어느 지점에서 편집증이 되는가?

우리의 정서도 역시 다양하다. 어떤 이는 명랑하고 어떤 이는 우울하다. 컵이 절반이나 찰 수도 있고 절반이나 비어 있을 수도 있다. 어떤 이의 정서는 폭 넓게 요동하고 어떤 이는 보다 일정하다. 그런 변동성은 정신건강 문제와 관련이 있는가, 아니면 전혀 다른 현상인가? 이것은 복잡한 문제이다.

어떤 상태에 이름 붙이기

정신의학(정신적 질병을 다루는 의학의 한 분야)은 무엇이 정신적 질병인지, 또 무엇이 아닌지 선명한 개념을 제공함으로써 분명하게 하려 한다. 진단 분류는 정신 질환을 정의할 수 있는 객관적이며, 측정 가능한 기준을 제공한다. 진단 및 통계편람(DSM)은 하나의 그런 분류 체계인데, 어떤 구체적인 공포증(거미 공포증과 같은)에 대한 진단 기준을 보면 아래와 같다.

A. 어떤 구체적인 대상이나 상황에 대한 두드러진 두려움과 불안을 가리킨다(예. 비행, 높은 곳, 동물, 주사 맞는 것, 피를 보는 것). (아이들의 경우 그 두려움이나 불안은 종종 울음, 짜증, 꼼짝 못함 혹은 찰싹 달라붙는 것으로 나타난다.)
B. 공포 대상이나 상황은 거의 항상 즉각적인 두려움과 불안을 일으킨다.

C. 공포 대상이나 상황을 적극적으로 회피하거나 혹은 강렬한 두려움이나 불안을 느끼는 상태로 견딘다.
D. 두려움이나 불안이 구체적인 대상이나 상황 그리고 사회 문화적 맥락에서 발생한 실제적 위험과 무관하다.
E. 두려움, 불안, 혹은 회피가 흔히 6개월 혹은 그 이상 지속된다.
F. 두려움, 불안, 혹은 회피가 사회, 직장, 혹은 다른 중요한 활동 영역에서 임상적으로 중대한 스트레스나 장애를 일으킨다.
G. 그 장애가 공황과 유사한 증상 혹은 다른 기능을 박탈하는 증상(광장 공포증에서와 같이)과 결합된 두려움, 불안, 상황 회피를 포함해 다른 정신적 장애의 증상으로는 더 잘 설명되지 않는다. 집착 대상과 상황(강박 장애에서와 같이), 트라우마를 떠올리게 하는 상황(외상 후 스트레스 장애에서와 같이), 가정 혹은 애착 인물로부터의 분리(분리불안 장애에서와 같이), 혹은 사회적 상황(사회 불안 장애에서와 같이) 등이 있다.

이런 분류법에는 많은 긍정적인 요소가 있다. 첫째, 진단을 내리는 데 신뢰할 만한 방법을 제공한다. 정신과 의사 두 명이 양극성 장애나 조현병 환자를 치료한 경험을 비교하며 그들이 같은 종류의 질병에 대해 이야기하고 있다는 자신감을 가질 수 있다. 그런 분류법이 없다면 효과적인 치료법을 보여 주는 어떤 연구가 정말 획기적인 내책인시, 혹은 그서 경증을 가신 사람에게만 효과적인지 알 길이 없다. 둘째, 이 분류법은 함께 군집을 이루는 유사한 경험을 주목할 수 있도록 돕는다. 조증은 특유의 여러 특징을 가지는데, 그 진단적 서술은 우리가 자칫 간과할 수 있는 특징에 대해 경각심을 준다.

정신적 질병의 범위

어떤 이는 진단을 받고는 안심한다. 왜냐하면 진단은 이런 사례가 더 있다는 뜻이기 때문이다. 하지만 정신건강 전문가조차 '인간 경험을 의료화하는 것'에 대해 점점 더 우려를 나타낸다. 우리가 비의학 용어로 서술하기 어려웠던 것들이 정신의학의 꼬리표를 획득했다. 대부분이 심한 낯가림이라고 여겼던 것에 사회 불안 장애라는 설명이 붙는다. 간헐적 폭발 장애는 극적으로 평정심을 잃어버리는 사람을 묘사한다.

그런 경험은 당연히 심각한 문제이다. 이런 경험으로 어려움을 겪는 사람은 마땅히 우리의 돌봄과 관심을 받을 만하다. 그러나 질병에 대한 전문 용어가 도움이 되는지는 물어볼 가치가 있다. 정신의학의 꼬리표를 붙이는 것은 한 사람이 하는 경험을 이해하는 데 도움을 주는가? 그것은 그들이 필요한 돌봄을 받을 가능성을 키우는가?

힘들고 혼란스러운 경험을 마주했을 때 진단은 기준이 되는 올바른 방향을 제시한다. 또한 해결책을 찾기까지 우리를 격려한다. 하지만 대개 진단을 받는 것은 (정신의학이든 아니든) 우리를 수동적으로 이끄는 경향이 있다. 우리는 주도성을 가진 개인보다 '어떤 일이 발생한 사람'이 된다. 환자는 흔히 수동적이다. 우리는 검진을 받고 진단을 받고 권고하는 치료를 받는다. 전문가의 조언을 받을 때 우리는 자신의 능력과 책임의 척도를 잃어버릴 수 있다. 어떤 상황에서는 문제를 기꺼이 인지하고 도움을 받는 것이 대단히 중요할 수 있다. 하지만 늘 그런 것은 아니다. 어떤 때는 인격적 주체로서 감각을 잃는 것이 우리의 갈등을 해소하기보다 오히려 유발할 수 있다.

이 짧은 장에서 진단을 둘러싼 복잡한 문제를 공정하게 다룰 수는 없다. 하지만 적어도 세 개의 기초적인 함의를 강구할 수는 있다.

1. 연속성의 문제: "나도 그 일부이다!"

참 많은 정신의학적 조건과 정신건강 문제에 해당하는 스펙트럼을 인식하는 일은 '우리와 그들'이라는 무익한 대도를 대항하는 데 도움이 된다. 만일 전문적인 정신건강 서비스를 받아본 적이 없는 사람이라면 '저렇게 정신적으로 아픈 사람'과 거리를 유지하고 싶을 것이다. 하지만 그런 구별은 가식에 불과하다. 우리는 이 스펙트럼의 다른 지점에 있을 수 있고, 어떤 사람은 우리보다 더 많이 갈등할 수 있다. 하지만 어느 모로든 우리는 다르기보다 더욱 많이 유사하다. 이 사실을 인식하는 것은 우리를 어려움을 겪는 사람과 동일시하도록 돕는다. 우리를 이어지도록 돕는다.

우리의 교회가 이 분야에 대응하는 방식을 생각할 때, 이를 이해하는 것은 매우 중요하다. 꼬리표와 진단에 대한 우리의 생각을 바꿈으로써 우리는 기존의 해로운 낙인에 저항할 수 있게 된다. 우리가 그리스도의 몸이 되게 하며, 두려움 가운데 서로에게서 멀어지기보다 사랑 가운데 서로를 향해 움직이게 한다.

우리는 정신건강 문제를 겪는 사람을 공감할 수 있다. 그들의 경험이 우리의 경험과 그다지 다르지 않음을 알기 때문이다. 그들의 불안이 측정 불가능할 때도 우리는 걱정이 무엇인지 안다. 그들이 편집적인 망상에 사로잡힐 수도 있지만 우리는 공격받는 느낌이 무엇인지 안다. 사람들이 우리를 집단으로 괴롭히는 듯 느껴질 때 우리는 그것이 얼마나 싫은지도 안다. 이런 의미에서 우리는 '비정상을 정상화'할 수 있다. 그리고 교회에서 정말로 소외되었다고 느끼는 사람이 사랑의 결속을 다지도록 도울 수 있다.

2. 참여의 문제: "내가 도울 수 있다!"

정신건강 문제를 우리의 경험과 별개가 아닌 연속으로 볼 때 우리는 비로소 우리에게 그들을 도울 무언가가 있음을 보게 된다. 우리는 정신적 질병이 마치 우리의 능력 밖에 있는 돌봄을 요구한다는 듯 두려워할 필요가 없다. 그렇다고 정신건강 전문가를 하찮게 여겨도 된다는 말이 아니다. 그들의 경험은 다른 사람에게서 찾아볼 수 없는 정신건강 문제에 대한 정통한 지식을 부여한다. 우리에게는 없지만 그들에게는 도움과 지지를 가능하게 하는 숙련된 솜씨가 있다.

하지만 그 경험과 솜씨가 전문가에게만 있는 것은 아니다. 우리 자신의 경험을 결부하면 연결점을 찾을 수 있다. 우리는 따분함을 느낄 때 신체활동(걷거나, 퍼즐 놀이를 하는)이 어떻게 도움이 되는지 안다. 우리는 불안한 상황을 만났을 때 계획을 세우는 것이 어떻게 도움이 되는지 안다. 우리의 경험을 비추어서 먹고, 자고, 운동하는 건강한 습관의 가치를 인정한다면 우리는 다른 사람의 삶에도 똑같은 일을 적용할 수 있다. 우리는 또한 시간을 내어 우리에게 경청하고 우리가 처한 문제를 이해하는 사람에게 얼마나 많이 감사한지도 잘 안다. 이것을 아는 우리는 타인을 위한 시간과 관심이란 동일한 선물을 전할 수 있다.

다른 사람이 처한 경험이 처음에는 이상하고 관여하기 힘들어 보인다. 그러니 속도를 늦추어 우리 자신의 경험과 연관 지어 생각해 보고, 무엇이 우리에게 도움이 되었는지 확인하면, 다른 사람을 돕는 일에 자신감을 얻을 수 있다.

3. 믿음의 문제: "하나님이 말씀하신다!"

정신의학적 질병이 우리와 전혀 무관하다는 생각을 멈출 때 우리가 주목할 바시아 변화가 있다. 하나님이 이 경험에 대해 힘 있게 그리고 반복적으로 말씀하시는 방식을 인정하는 것이다. 그분은 타락한 인간의 약함을 이해하시고 우리를 향해 깊은 긍휼을 보이신다. 일반적인 두려움에 대한 말씀은 또한 깊은 두려움에 처한 사람에게 하시는 말씀과도 연결되어 있다. 성경의 많은 이야기는 실로 극단적인 위험과 갈등을 묘사하며, 깊은 요구가 필요한 상황에 걸맞은 메시지를 줄 수 있다.

성경은 죄책감과 자포자기와 그리고 절망에 대해 말한다. 만일 우리가 깊은 우울증이 주는 죄책감과 자포자기와 절망에 빠진 사람을 위로하는 성경 진리를 이야기하려면, 시간과 인내 그리고 큰 보살핌이 필요하겠지만, 가능한 일이다. 우리는 정신건강 장애를 가진 사람을 독특한 범주에 두어 성경이 더는 그들에 관해 말하지 않는다는 생각을 물리쳐야 한다.

● **성찰을 위한 질문** ●

1. 당신은 '거미 공포 스펙트럼'의 어느 지점에 있는가? 스스로를 그 스펙트럼의 다른 곳에 두는 사람을 아는가?

2. 정신적 질병에 붙는 꼬리표에 대해 어떻게 생각하는가? 이와 같은 진단을 받은 사람으로부터 뒤로 물러선 경험이 있는가? 왜 그런가?

3. 스트레스, 불안 혹은 혼란을 겪을 때 성경의 어떤 부분이 위로와 도움을 주었는가? 진리가 당신에게 미친 결과와 당신의 경험을 어떻게 다른 사람과 나눌 수 있는가?

3.
정신적 질병에 대한 성경적 이해

우리는 이미 정신적 질병과 건강을 정의하는 것이 복잡하다는 사실을 살펴보았다. 정신적 질병의 원인을 조명하려는 노력 역시 똑같이 복잡하다. 하지만 이렇게 어려움을 겪는 신자와 그들을 돕기 원하는 사람에게는 이런 경험을 이해하게 하는 틀이 반드시 필요하다. 이번 장에서는 정신적 질병에 대한 보다 성경적인 이해를 발전시키는 몇 가지 지침을 제시하려고 한다.

무엇이 정신적 질병을 '일으키는가?'

가끔 정신적 질병의 원인이 분명한 듯 보일 때가 있다.

앤(Anne)은 교통사고를 겪었다. 비얀(Bijan)은 살인사건을 목격했다. 두 사람은 급성 불안을 겪었고 집 밖으로 외출하는 것에 대한 두려움이 점점 커졌다. 각각의 경우 광장 공포증 진단을 받았고, 각자의 환경이 이런 불안을 더욱 자라게 했음이 분명해 보였다.

신디(Cindy)는 10년간 우울증과 씨름했다. 신디의 어머니와 할머니도 그랬다. 신디의 우울증은 유전이라는 것이 분명해 보였다.

수진(Soo Jin)은 첫 아이를 낳은 후 석 달 동안 의기소침했다. 그녀의 가족은 그녀가 출산 후에 '호르몬 때문에' 우울하다고 확신한다. 5년 전 구강용 피임약을 복용했을 때 똑같은 일이 있었다. 그녀가 복용을 멈추자마자 의기소침한 정서는 완전히 사라졌다.

위의 네 가지 사례에서와 같이 어떤 것은 그저 분명해 보인다. 하지만 그렇다고 언제나 그런 것은 아니다.

매튜(Matthew)는 자신의 우울증과 죄책감의 원인을 직장에서의 실패 때문이라고 여긴다. 스스로 이미 인정하듯, 매튜의 심각한 판단 착오로 회사는 상당한 액수의 재정 손실을 겪어야 했다. 그 결과 여러 동료가 실직했고, 그는 죄책감에 너무나 사로잡힌 나머지 넉 달 동안이나 일을 할 수 없었다. 환경이 이런 우울증을 일으켰다는 것은 분명해 보인다. 판단의 오류만 없었다면, 재정 손실이 없었다면, 그리고 아무도 실직하지 않았다면…. 매튜의 우울증은 실제로 발생한 일에 대한 자신의 지각을 왜곡시켰다. 가끔은 보기에 분명한 것이 사실은 아니다.

많은 요인이 정신적 질병을 일으킨다. 가끔은 그 요인이 밝혀지지만, 더 많은 경우에는 밝혀지지 않는다.

사회의 풍조 역시 정신적 질병에 영향을 미치는 것이 분명해 보인다. 서구에서 섭식 장애 빈도가 높다는 사실에서 보듯이 문화적 요소는 원인에 강한 영향을 미친다. 점점 증가하는 완벽한 몸매에 대한 이미지의 영향을 끊임없이 받을 때 여성에게는 거식증이, 남성에게는 더 큰 근육에 집착하며 과도하게 운동하는 근육 이형증(muscle dysmorphia)이 나타나는 것이 명백해 보인다.

원인이 정말 중요한가?

우리가 정신적 질병을 순수하게 생물학적 현상이라고 여긴다면, 그 원인을 밝히는 것은 그다지 중요하지 않아 보일 수 있다. 만일 우울증이 뇌의 화학 물질의 변화에 의해 발생하고 약물 처방으로 치료된다면 알맞은 약을 복용하기만 하면 된다. 원인을 규명하는 것은 중요해 보이지 않는다. 하지만 그처럼 완전무결한 입장을 취하는 사람은 거의 없다.

사람들 대부분이 인정하듯 트라우마를 일으키는 사건과 오랜 기간 쌓인 스트레스와 적절한 지지 기반의 부재는 정신건강 문제를 더 많이 일으킬 수 있다. 따라서 이런 요소를 식별하고 이에 대해 조치를 취하는 것은 분명 가치 있는 일이다.

그뿐 아니라, 비록 우리가 어떤 특별한 원인을 밝힐 수 없다고 해도, 우리는 여전히 회복을 늦추거나 정신적 질병을 재발시킬 가능성을 높이는 원인을 규명할 수 있다. 이 모든 이유로 우리는 관련된 많은 다른 요소를 고려해 정신적 질병을 이해하는 법을 발전시키기 원한다. 그러면 질병을 예방하고 알맞은 지원을 제공하는 데 도움이 될 것이다.

그리스도인로서 우리는 영적 요소와 정신적 질병의 연관성을 검토할 것이다. 믿음만 있으면 정신적으로 아프지 않도록 보호받는다는 생각은 어떤 식이라도 피하는 것이 정말로 중요하다. 정신적 질병은 그저 믿음이 약한 사람에게만 발생하는 것이라고 보는 그리스도인이 있다. 마치 강한 믿음은 사람이 결코 우울해지지 않도록 예방해 준다는 듯이 말이다.

하지만 그렇다고, 기도나 주님에 대한 믿음이 정신건강 문제로 씨름하는 사람에게 아무 영향을 주지 않는다면 그것도 이상할 것이다. 이것이 신체적 질병을 겪는 사람에게 유익하다면 정신적 질병을 가진 사람에게도 마찬가지이다. 우리가 불안하거나 우울할 때 신자로서 받을 수 있는 도움이 있다고 말하는 것과 불안과 우울증이 영적인 연약함 때문에 발생한다고 말하는 것은 다르다.

우리에게 필요한 것은 정신적 질병에서 작동하는 다양한 요인을 통합하는 모델이다. 그러기 위해 우리는 인간이 진정 누구이며 또 무엇인지 성경적 이해를 세우는 첫 원리에서 시작해야 한다.

우리는 자신이 누구라고 생각하는가?

우리는 진정 누구이며 무엇이 우리를 그런 사람이 되게 하는가에 대해 성경은 많은 말을 한다. 우리는 하나님의 지음을 받고 하나님의 형상대로 만들어진 사람들이다(창 1:26). 시편은 사람이 심히 기묘하게 지음을 받았고(시 139:14) "죄악 중에서 출생"했다(시 51:5)고 말한다. 그리스도 안에서 우리는 새로운 피조물로 지음을 받았으나(고후 5:17), 우리는 여전히 죄악된 본성과 싸운다(갈 5:16; 롬 7:21-23). 이 모두는 우리가 경험한 정신적 질병을 이해하는 방식에 영향을 미친다.[2]

우리의 마음

성경은 많고 다양한 단어를 사용해 한 사람의 내면적 생명을 서술한다. 그중에는 '영혼', '정신', '속사람' 그리고 '영'이 있다. 그중에서도 '마음'이 아마 성경에서 말하는 한 사람의 중심이라는 개념을 가장 잘 담아낼 것이다.

성경적으로 마음은 도덕적이고 결정을 내리는 사람의 중심이다. 마음은 인생의 방향을 결정한다. 우리는 마음으로 헌신과 충성을 결심하기 때문이다. 마음을 뜻하는 다른 표현으로는 '예배의 중심'이 있다. 우리 모두에게는 최고의 선, 우리가 이루기 위해 노력하는 목

---

[2] 이 내용은 Mike Emlet의 논문 "Understanding the Influences on the Human Heart" (*Journal of Biblical Counseling*, 20권 2호, 2002년 겨울호)에 나오는 개념을 기반으로 한다.

표 같은 것이 있다. 그것을 가리키는 성경의 언어가 예배이다. 우리의 애정과 최고의 힘을 쏟아 집중할 만한 '가치가 있다'고 믿는 대상, 그것이 무엇이든 우리는 그것을 예배한다. 그리고 이 예배는 우리의 마음으로 한다. 다음은 성경이 '마음'을 표현하는 몇 가지 예이다.

"오직 그 말씀이 네게 매우 가까워서 네 입에 있으며 네 마음에 있은즉 네가 이를 행할 수 있느니라"(신 30:14).

"여호수아가 이르되 그러면 이제 너희 중에 있는 이방 신들을 치워 버리고 너희의 마음을 이스라엘의 하나님 여호와께로 향하라 하니"(수 24:23).

"또 새 영을 너희 속에 두고 새 마음을 너희에게 주되 너희 육신에서 굳은 마음을 제거하고 부드러운 마음을 줄 것이며"(겔 36:26).

"네 보물 있는 그 곳에는 네 마음도 있느니라"(마 6:21).

"이 백성이 입술로는 나를 공경하되 마음은 내게서 멀도다"(마 15:8).

우리 삶의 핵심 활동은 우리가 느끼는 감정, 우리가 하는 생각, 우리가 내리는 결정, 즉 우리 마음에서 비롯된다. 우리는 우리가 생각하고 느끼고 결정하는 것이 우리의 우선순위를 반영하리라 기대한다. 혹은, 그것을 성경적으로 표현하자면, 우리의 생각과 느낌과 결정이 우리의 예배를 반영하리라 기대한다.

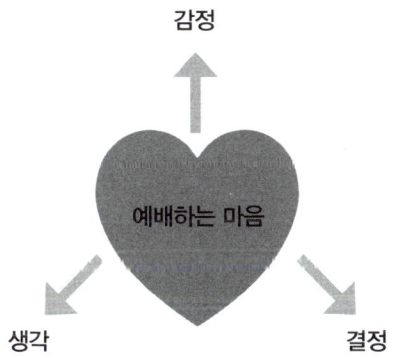

사람을 생각할 때 우리는 마음을 가장 먼저 떠올린다. 왜냐하면 마음이 곧 피조물인 우리 정체성의 핵심이기 때문이다. 그러나 우리 마음은 우리의 육체뿐만 아니라 인간 경험의 다른 면에 의해서도 영향을 받는다.

우리의 몸

하나님은 우리를 하나님이 창조하신 물질세계의 한 부분으로서 육체적 존재로 만드셨다. 우리가 하는 모든 것과 우리가 경험하는 모든 것은 우리의 물리적인 몸을 매개로 일어난다. 우리는 육체의 귀로 듣고, 육체의 입으로 말하고, 육체의 피부 표면을 사용하여 만진다. 우리가 걷기로 결정하면 신경이 근육에 메시지를 전하고 근육은 수축한다. 우리의 모든 상호작용은 우리 육체인 몸을 매개로 발생한다. 우리가 생각할 때 우리 뇌의 신경 활동에 의해 그 생각이 육체적 차원에서 반영된다.

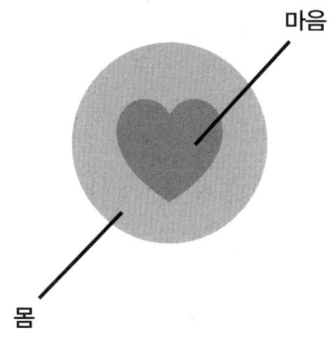

분명 우리 몸에 발생한 것이 우리에게 영향을 미친다. 우리는 여성이 월경 주기에 따른 호르몬 변화에 영향을 받는 그 심오한 사정을 안다. 이런 변화는 신체적으로만 여성에게 영향을 주는 것이 아니다. 그녀의 전인에 영향을 준다. 이는 신체 질병과 약의 부작용, 그리고 유전 암호(genetic code)의 영향력도 마찬가지이다. 이 모두는 신체적 경험이며 육체의 현상이지만 분명히 우리 전체에 영향을 미친다. 불면의 밤, 한 차례의 식중독, 구개열 등 이 모든 신체 증상은 우리의 생각, 감정 그리고 결정 능력에 영향을 준다. 좀 덥거나 배고픈 것만으로도 우리 중 누군가에게는 짜증 내고 이성을 잃게 하기에 충분할 수 있다.

그뿐 아니라, 우리 내면의 활동 역시 우리 신체에 영향을 준다. 우리가 당황했을 때 우리 얼굴은 빨개진다. 우리가 불안할 때, 심장 박동이 증가한다. 우리가 두려울 때 우리 몸은 떨릴 수 있다. 우리 마음과 몸은 양방향으로 작동한다. 우리가 믿고 두려워하고 즐거워하는 것은 몸으로 표현된다. 그리고 우리가 몸으로 경험하는 것은 똑같이 우리 생각에 영향을 준다.

고린도후서에서 자신이 겪은 시련과 갈등의 목록을 소개하면서 바울은 자신의 '굶주림과 갈증' 그리고 '춥고 벌거벗음'에 대해 기록한다. 신체에 가해진 채찍질과 "육체의 가시"를 회상한다(고후 11:24-27; 12:7). 예수님은 굶주림과 피로를 경험하셨다(마 4:2; 요 4:6). 신체적 경험은 우리에게 영향을 미치고 우리의 정신적 건강 혹은 정신적 질병의 원인이 된다.

거기에다 우리가 알아야 할 영향력이 하나 더 있다.

우리의 세계

모든 사람은 구체적인 문화적 혹은 사회적 순간을 산다. 21세기에 서구에서 사는 것은 1세기에 팔레스타인에서 사는 것과 매우 다르다. 기끔 그런 차이점은, 우리가 앞서 살펴본 신체 이미지에서 비롯된 장애와 같이, 매우 다른 갈등을 만드는 듯 보인다. 어떤 스트레스는 우리가 어떤 문화에서 살고 있든 놀라울 정도로 비슷하다. 우리를 둘러싼 사회적 환경, 우리의 친구나 직계가족, 더 광범위한 사회적 관계망 그리고 우리가 사는 곳의 문화는 불가피하게 우리에게 영향을 미친다. 우리 문화의 관점, 신념 그리고 기대는 반드시 우리에게 영향을 준다.

예를 들어, 개개의 가족에게는 고유한 문화적 기대치와 생활 방식이 있다. 어떤 가족은 엄격하고 체계적이다. 어떤 가족은 격식이 없지만 보다 혼란스럽다.

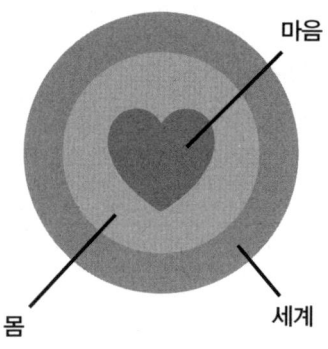

2020년대 초에 우리는 세계적인 코로나 팬데믹을 겪었다. 이는 다른 사람과 관계를 맺는 방식과 일하는 방식을 바꾸었다. 어떤 사람은 전쟁을 겪고 어떤 사람은 자연재해를 겪는다. 이런 것이 모두 우리에게 특별한 영향을 미친다. 성경도 이것을 안다. 욥과 같은 구약성경의 인물은 고난의 영향을 이렇게 진술했다.

"나는 음식 앞에서도 탄식이 나며
내가 앓는 소리는 물이 쏟아지는 소리 같구나
내가 두려워하는 그것이 내게 임하고
내가 무서워하는 그것이 내 몸에 미쳤구나
나에게는 평온도 없고 안일도 없고
휴식도 없고 다만 불안만이 있구나"(욥 3:24-26).

욥의 어마어마한 상실은 그의 정서에 영향을 주었다. 자신감 넘치고 기쁨 가득했던 사람이 낮은 곳으로 내던져졌다.
 우리는 성경 여러 곳에서 같은 장면을 본다. 남편과 두 아들을 잃은 나오미는 비탄의 시경에 빠졌다. 착란에 빠진 사울을 피해 도망할 때 다윗은 두려움에 사로잡혔다. 아모스와 하박국은 그들이 목격한 불의에 대하여 분노 가운데 외쳤다. 엘리야는 자신의 고립과 자신을 둘러싼 주변 사람의 신실하지 못함을 생각할 때 절망했다. 나쁜 일이 생길 때 우리의 정신건강은 영향을 받는다.
 신약성경에도 이런 일이 나타난다. 신약성경은 조롱하는 자(벧후 3:3)와 속이는 자(요이 1:7)와 믿는 사람의 개인적인 고난에 대해 말한다(고후 1:8-9). 예수님도 이런 것을 친히 경험하셨다(막 5:40; 요 8:55; 벧

전 4:1). 성경은 믿음이 이 타락한 세상의 영향으로부터 우리를 보호하는 완충제라 여기지 않는다. 바울은 고린도 교회에 이렇게 썼다.

"우리가 사방으로 욱여쌈을 당하여도 싸이지 아니하며 답답한 일을 당하여도 낙심하지 아니하며 박해를 받아도 버린 바 되지 아니하며 거꾸러뜨림을 당하여도 망하지 아니하고"(고후 4:8-9).

믿음은 크고 중요한 차이를 만들어 낸다. 그러나 바울은 여전히 압박감을 느끼고, 당황하고, 핍박받고 거꾸러뜨림을 당했다. 바울은 여전히 고통스러웠다! 사실 바울이 겪은 여러 갈등은 직접적으로 자신의 믿음 때문에 발생했다. 성경은 그리스도인의 삶을 설명하기 위해 자주 전투 이미지를 사용한다(엡 6:12; 고후 10:4; 딤전 6:12). 그리고 영적 원수, 즉 그 악한 자가 예수님의 말씀처럼 거짓의 아비임을 밝힌다(요 8:44). 정확하게 영적 전투의 현실과 정신적 질병의 발생이 어떻게 한 개인의 경험에서 상호작용을 하는지 단정 짓기란 결코 쉬운 일이 아니다. 그러나 그런 요소가 작용하는 것은 분명하다.

정신건강과 정신적 질병에 대한 이해를 성경이 말하는 인간 이해에 따라 공정하게 평가하려 한다면, 이런 요소를 고려해야만 한다. 육체인 우리의 몸, 우리의 문화적이고 개인적인 환경과 우리 마음의 활동. 우리는 이 세 가지 요소를 둘러싼 보다 광범위한 영적 현실이 작동하고 있음을 또한 알아야 한다. 가장 우선 전능하신 주님이 계시다. 그분은 우리와 만물 위에 통치하시고 자신의 궁극적인 선한 목적을 성취하실 것이다. 하지만 거기에는 악한 권세 역시 존재한다. 그리고 악한 자에 대한 하나님의 승리는 분명하지만, 현재 세대에 악한 자는 여전히 하나님의 백성에게 해로움과 속임수를 끼칠 수 있다.

제대로 작동한 사례

엠마(Emma)는 6개월 동안 정서적으로 침체되어 있었다. 지속적으로 기운이 없고 힘이 없었으며, 아침에 일찍 잠을 깨고, 식욕이 거의 없었다. 엠마는 삶이 공허하고 미래가 암담하다고 느낀다. 어느 무엇도 그녀에게 즐거움과 기쁨을 줄 수 없다. 엠마는 전형적인 우울증 증상을 겪고 있다. 하지만 왜 이런 일이 발생했을까? 왜 엠마는 우울한가?

1년 전 엠마의 오빠가 예기치 못한 뇌출혈로 갑자기 사망했다. 그의 나이 46세였다. 엠마는 오빠와 참 친밀했기 때문에 그를 절박하게 그리워했다. 그가 죽은 지 두 달 후에 엠마는 세 번째 유산을 겪었다. 임신 18주에 들어섰기에 이번에는 정말 안전하다고 생각하기 시작했던 바로 그때였다. 그녀와 남편은 임신 클리닉의 도움을 받았음에도 불구하고 아이가 없었다.

아마도 이것이 정신과 의사들이 '반응성 우울증'이라 부르는, 환경에 대한 반응이다. 그러나 다른 요소가 작용한다.

엠마에게는 우울증에 대한 가족력이 있다. 그녀의 어머니는 여러 번 우울증을 앓았다. 엠마는 최근 고혈압으로 약을 복용하기 시작했는데, 그 약의 부작용 하나가 무거운 정서와 우울증이다. 그렇다면 아마도 그녀의 우울증 배후에는 신체적, 생물학적, 유전적 요소가 있다. 하지만 여전히 그것이 이야기의 끝은 아니다.

5년 전, 엠마는 외도를 범했다. 그녀는 그 사실을 남편에게 감추었다. 남편은 그녀의 노트북에 있는 이메일을 보고서야 그 사실을 알았다. 그녀는 미안해하며 그것이 바보같은 짓이었다고 말했다. 그녀는 심각하게 그것을 후회했고, 교회 상담사에게 도움을 받아 부부 관계를 회복하기 시작했다. 하지만 신뢰는 땅에 떨어졌고 엠마는 깊은 죄책감과 수치심을 느꼈다. 비록 교회 목회자와 친구들은 하나님의 은혜를 상기시켰지만 엠마는 하나님이 정말 자신을 용서해 주실지 의심스러웠다. 지금은 계속해서 교회 일에 자원하면서 더 많은 확신을 얻으려 한다. 남편을 포함한 가까운 지인은 이것이 삶의 많은 문제와 씨름해 온 그녀의 완벽주의와 통제적인 성향이 일관되게 반영된 것이라고 말한다.

'그렇다면 엠마는 왜 우울한가?' 그것이 몸 혹은 환경 혹은 마음 때문인가?

이 질문에는 단순한 대답이 없다. 많은 일이 엠마에게 영향을 준다. 그저 맞물린 가닥을 풀어서 무엇이 무엇을 일으키는지 선언하기란 가능하지 않다. 우리가 엠마의 우울증이 최근 겪은 상실 탓이라고 확신한다 해도, 그녀의 영적 건강을 위해 시간을 투자하는 것은 여전히 가치 있는 일이다. 그것이 우울증의 원인 요소이든 아니든, 하나님과 복음에 대한 그녀의 오해를 진술하는 일은 중요하다.

요점은 이것이다. 어떤 영적인 문제가 원인인지 꼭 알아야만 이를 다룰 가치가 있다고 결정할 필요는 없다. 우리 모두는 돌보아야 할 마음의 문제가 있다. 그리고 우리가 하나님에 대한 더욱 충만하고 풍성한 지식으로 성장하게 된다면 그것은 하나님께 영광을 돌리고 우리에게 유익할 것이다. 그런 생각이 어떤 영향을 미치든, 그것이 있든 없든, 이것은 사실이다.

정신적 질병의 최종 치료

엠마에게 영향을 준 문제의 긴 목록은(그녀 자신이 일으켜 책임져야 할 문제뿐 아니라) 우리에게 그 여러 살능이 마침내 종결되는 때를 열망하게 한다. 성경 말씀에 따르면 그런 날이, 더는 정신적 질병이 없는 날이 다가온다. 그러나 새 창조의 이쪽에서 우리는 그날을 볼 수는 없을 것이다.

성경은 결코 그 갈등을 지금 여기서 끝내겠다고 약속하지 않는다. 그러나 예수님이 다시 오셔서 새 하늘과 새 땅에서 다스리실 때 마침내 고통이 끝날 것이다. 그리고 거기에는 정신적 질병으로부터 겪는 고통과 갈등도 포함된다. 그날에 예수님과 우리의 관계는 완선히 회복될 것이다. 우리의 예배가 더는 왜곡되지 않고 완전하고 바르게 주님 중심이 될 것이다. 그리고 다른 사람과의 관계 회복도 그와 더불어 찾아올 것이다. 우리 몸이 더는 썩지 않을 것이다. 우리의 생화학적 불균형도 없을 것이다. 다른 사람으로부터 어떤 고통도 받지 않을 것이고 우리의 미련한 선택으로부터 어떤 고통도 일어나지 않을 것이다. 다뤄야 할 어떤 신체적 혹은 영적 위협도 없을 것이다.

그것은 참으로 선하고 영광스러운 날이 될 것이다. 그때는, 요한계시록 21장이 우리에게 상기하듯, 모든 질병과 눈물이 영원히 사라질 것이다. 그리스도 안에 있는 사람에게는 그날이 확실한 사실이다. 우리는 영원히 정신적 질병과 갈등하지 않을 것이다. 그것은 '오직' 지금 여기에서만 있는 일이다.

하지만 우리는 그런 선함의 단면을 보려고 영원을 기다릴 필요가 없다. 복음을 가르치고 복음의 은혜를 반영하는 교회 공동체가 우리의 정신건강을 위해 선한 역할을 하기 때문이다. 그리고 우리는 하나님이 미래에만 아니라 지금 여기에서도, 어떻게 변화를 일으키실 수 있는지 그 다양한 방식을 탐구할 필요가 있다.

● 성찰을 위한 질문 ●

1. 어려움을 겪었던 시간에 대해 생각해 보라. 당신 생각에 무엇이 원인이었는가?

2. 우리가 영광스럽게 창조되었으나 타락했음을 아는 것이 우리의 정신건강에 어떻게 도움이 되는가?

3. 정신건강 문제를 가진 친구를(혹은 당신 자신의 갈등을) 생각할 때 환경과 몸과 마음의 영향을 이해하는 것이 어떻게 도움이 되는가?

4.
약물 처방에 대한 개요

몇 가지 주의사항

이번 장은 큰 주제를 다루지만 분량은 짧다. 정신적 질병을 치료하기 위해 약물을 사용하는 것은 최근 몇 년간 큰 인기를 끌었는데, 이번 장은 그 표면만 다룰 것이다.

여기서는 분명 구체적인 약품 처방에 대한 상세한 대답을 찾을 수 없다. 개인에게 처방될 약품에 대한 언급은, 어떤 경우든 워낙 모든 것이 빠르게 변하기 때문에 금방 구식이 될 것이다. 이번 장에서는 정신적 질병에서 약물 치료의 역할을 이해하는 데 있어 그 추이를 도식화하는 몇 가지 일반적인 원리를 제시하려고 한다.

세로토닌 수조 가득 채우기

타냐(Tanya)는 몇 달 동안 착 가라앉는 기분 때문에 어려움을 겪었다. 침대에서 나오는 것이 어려웠고, 일하러 가는 것이 어려웠고, 소그룹 모임에 가는 것이 어려웠다. 상황이 너무 나빠져서 의사를 만났다. 그는 어느 정도 도움이 되는 일반적인 충고를 해 주었고, 두 달 후에 다시 만나기로 했다. 그가 말하기를, 만일 상황이 호전되지 않으면 항우울제 복용을 시작할 수 있으므로 그녀도 한번 생각해 보라고 권면했다. 타냐는 항우울제에 대해 아는 바가 많지 않아서 가까운 친구에게 충고를 구했다. 그들 중 한 사람이 최근 이에 관한 유익한 기사를 인터넷에서 보았다고 했다.

그 기사에 따르면, 세로토닌(serotonin)이라는 물질은 우리 뇌에서 자연스럽게 만들어지며 행복감과 안정감을 유도한다. 우리 모두는 '세로토닌 저장고'라는 것을 뇌에 가지고 있는데, 우리의 정서를 긍정적으로 유지하려면 뇌가 여기에 충분한 양의 물질을 투입해야 한다. 때때로 저장고의 수위가 너무 낮아지는 일이 발생하기도 하는데, 그럴 때 우리는 우울증을 경험한다.

그런데 항우울제를 복용하면 이것이 바뀐다. 그 기사에 따르면, SSRI(선택적 세로토닌 재흡수 억제제)는 저장고를 가득 채워서 적절한 세로토닌 수위를 유지하게 한다. 일단 그 수위가 회복되면 정서가 향상되고 우울증은 사라진다. 타냐에게는 이 설명이 적지 않게 도움이 되었는데, 항우울제를 복용하는 것이 올바른 선택임을 보여 주기 때문이다. 그녀는 의사를 방문했고 이튿날부터 항우울제를 복용하기 시작했다. 수개월 사이 처음으로 그녀는 자신의 미래에 대해 긍정적으로 느꼈다고 말했다.

우울증에 대해 타냐가 들은 설명은 당뇨나 갑상선 기능 저하증과 비슷하다. 당뇨 환자는 췌장에서 충분한 인슐린을 생산하지 않아서 인슐린을 주입해야 한다. 갑상선 기능 저하증 환자는 낮은 티록신(thyroxine, 갑상선 호르몬) 탓에 티록신 보충제가 필요하다. 이와 마찬가지로 이렇게 이해하면 우울증은 세로토닌의 결핍으로 발생하며, 그것은 항우울제로 해결할 수 있다.

문제는 이것이 그리 단순하지 않다는 것이다.

뇌의 복잡성

몇 년 전 나(스티브)는 신경 약학 과목을 수강했다. 뇌에 작용하는 약에 대한 공부이다. 그 과목을 강의한 교수는 내가 결코 잊을 수 없는 인상적인 말을 했다. 그녀는 말하기를 "여러분은 이것을 이해해야 합니다. 현재 우리가 이해하는 뇌의 작동과 사용 가능한 약품 수준에서, 약물을 사용함으로써 뇌의 작동에 영향을 미치려는 우리의 모든 노력은 마치 고장 난 차를 고치기 위해 보닛을 열고 엔진을 망치로 때리는 것과 같습니다." 학문 분야의 최전선에 있는 사람이 그렇게 말하다니, 놀라울 정도로 정직하고 겸손해 보였다.

그 후로 많은 연구가 나왔다. 더 많은 뇌 신경 물질과 더 많은 뇌 수용체가 발견되었다. 뇌의 복잡성은 더욱 분명해졌다. 뇌가 어떻게 작동하고 그 작동이 어떻게 정신적 질병과 관련이 있는지 이해하기란 대단히 복잡하다.

우리는 당뇨와 갑상선 기능 저하증을 확인하기 위해 혈액 속에 있는 적절한 호르몬 수준을 측정한다. 검사를 통해 진단을 확실하게 한다. 그러나 우울증은 그렇게 작용하지 않는다. 우리의 세로토닌 수준을 보여 주는 혈액 검사(혹은 뇌 스캔)란 없다. 어쨌든 우울증이 세로토닌과 연결되어 있다는 생각은 항우울제가 어떻게 작용하는지 보여 주는 연구에서 비롯되었다. 우리는 혈액으로부터 호르몬을 측정하는 방법으로 세로토닌을 직접 측정할 수 없다. 우울증에 대한 세로토닌 이론의 분명한 '증거'는 존재하지 않는다.

무엇이 원인이고 무엇이 결과인가?

더 중요한 것은, 비록 우리가 우울한 사람의 세로토닌 수치가 낮다는 것을 입증한다 해도 우리에게는 여전히 원인에 대한 질문이 남을 것이다. 왜냐하면 우리가 닭을 발견한 것인지 혹은 달걀을 발견한 것인지 알 수 없기 때문이다. 달리 말해서, 우리 뇌에 있는 화학 물질의 변화가 우울한 정서의 원인인가 아니면 결과인가? 물론 우리에게는 물질적 신체밖에 없다고 믿는다면, 그래서 우리가 지우 세포와 화학 물질의 수집품 정도라면, '닭이 먼저냐, 달걀이 먼저냐' 하는 질문은 그다지 상관이 없다. 하지만 우리 대부분은 그렇게 생각하지 않는다.

우리가 미소짓거나 웃을 때 혹은 사랑에 빠졌을 때, 우리 뇌에서는 무슨 일이 일어난다. 화학 물질이 무언가 중요한 일을 한다. 그러나 사랑에 빠지는 것은 우리 뇌의 화학 물질이 일으키는 기발한 사건일 뿐이라고 믿으려는 사람은 그리 많지 않다. 만일 우리 뇌의 화학 물질에 변화가 있다면 그것은 사랑에 빠진 결과이지 원인이 아니라고 우리는 수긍한다.

같은 관점에서 우울증을 생각해 보면, 우울증이 그저 '누수되기 쉬운' 세로토닌 저장고 때문에 발생한다는 생각은 하지 않을 것이다. 이것은 중요하다. 왜냐하면 이 저장고가 다시 가득 채워질 때까지 기다리는 것 외에, 내가 할 수 있는 일이 아무것도 없다는 피동적인 태도를 막아 주기 때문이다. 그렇다고 항우울제를 복용하는 것이 어쨌든 틀렸다는 뜻은 아니다. 침체된 정서로 나타나는 증상을 완화하는 것은 중요하다. 그리고 어떻게 그러는지 그리 확신할 수 없다고 해도, 항우울제의 작용을 통해 그런 눈에 보이는 결과가 나타난다.

정신과 약품의 간략한 역사

정신에 영향을 미치는 돌파구와 같은 참 많은 약품(우리 뇌에서 작용하는 약품)이 우연히 발견되었다는 사실은 인상적이다. 클로르프로마진(Chlorpromazine)은 조현병 치료를 위해 처음으로 광범위하게 사용되었다. 그 효능은 '수술 후 마비증'으로 알려진 증상의 치료 과정에서 약간의 항히스타민제를 실험하다가 '발견'되었다. 연구자들은 클로르프로마진을 복용한 환자가 수술에 대해 훨씬 더 안심하며, 그들에게는 수술 후에도 진통제가 덜 필요하다는 사실을 알게 되었다. 그 결과 이것이 정신과적 증상에도 유용할지 생각하게 되었다. 1950년대 이후 이 약물의 사용은 정신과 의사들이 심각한 정신증을 가진 사람을 치료하는 방법에 변화를 가져왔다.

최근 역사를 보면 SSRI가 훨씬 광범위하게 사용되고 있다. 왜냐하면 이전에 알려지지 않은 효과가 많은 연구를 통해 입증되었기 때문이다. 원래 우울증 치료를 위해 사용된 약물이 지금은 불안과 강박장애와 월경 전 증후군을 완화하기 위해 사용되고 있다. 이는 이런 증상의 생물학적 원인에 대해 새로운 것을 알게 되었기 때문이 아니라, 그저 그런 약이 도움이 되는 것처럼 보이기 때문이다.

부작용과 기타 난제들

정신의학 역사에는 특정 약물이 매우 인기를 끌었다가 나중에 문제점이 드러난 사례가 여러 번 있었다. 디아제팜(diazepam)이라 알려진 바륨(Valium, 신경 안정제)은 1960년대에 불안 치료제로 등장했으며 곧 매우 광범위하게 처방되었다. 하지만 사람들이 디아제팜을 의존하게(중독) 되었고 복용을 멈추었을 때 매우 심각한 금단증상으로 고통을 겪었다.

항우울제의 우상이라 할 수 있는 프로작(prozac; fluoxetine)에 대한 기록도 많다. 사람들은 부작용과 SSRI(프로작과 같은 계열의 약품)와 연관된 금단 증상의 증가에 대해 우려했다. 아마도 어떤 약이든 우리 뇌의 기능에 영향을 주는 것에는 (뇌가 얼마나 복잡한지 기억한다면) 긍정적인 영향을 포함해 우리가 바라지 않는 영향도 모두 나타날 것이다.

효과가 있다면 복용하라

『마음을 고치는 사람들』(Mind Fixers)이라는 책에서 하버드 교수인 앤 해링턴(Anne Harrington)은 포괄적인 역사적 전망을 제시한다. 곧 "정신적 질병이 가진 생물학적 요소를 탐색함에 있어서 정신의학이 겪은 어려움"에 대한 서술이다.

결론에서 그녀는 서로 다른 시대의 정신의학자가 "자신이 말할 수도 없는 뻔뻔한 약속들"[3]을 해 왔으며, 정신의학이 하나의 선입견에서 다른 선입견으로 비틀거리며 연속적으로 거짓된 시대의 아침을 열었다고 말한다. 한번은 해결책이 정신과 병동이었고, 그다음에는 정신 분석, 다음에는 수술과 전기 충격 치료(ECT), 그 후에는 사회적

---

3 Anne Harrington, *Mind Fixers: Psychiatry's Troubled Search for the Biology of Mental Illness* (W.W. Norton & Company, 2019).

조건의 향상, 그리고 이제는 약리학이다. 그녀에 따르면 각각의 새로운 해결책의 진흥은 언제나 이전에 있었던 것을 조롱하는 것처럼 보인다.

많은 요소가 정신적 질병의 발생 원인이 된다는 것은 분명하다. 그러므로 한 범위의 치료적 접근이 도움이 된다면 그것은 놀라운 일이 아니다. 한편으로 약물 치료를 '만병통치'의 해결책으로, 혹은 비기독교적 사고에 대한 일종의 항복으로 보기보다는, 고통스런 증상을 완화시키는 하나의 가능한 방법으로 여김으로써 우리는 더 나은 도움을 받을 수 있을 것이다. 이것은 다른 형태의 지원과 도움과 더불어 일부 사람에게 유용할 것이다.

몇 가지 일반적인 약물군

항우울제. 이름이 말하듯, 이 약품은 우울한 사람이 경험하는 침체된 기분을 치료하려 한다. 시중에는 여러 다른 종류의 항우울제가 존재한다. 과거에 가장 흔히 쓰였던 것이 삼환계 항우울제(tricyclics)나 MAOI(모노아민 산화효소 억제제)였다. 그러나 과다복용 시 더 안전하다는 이유 등으로 현재는 SSRI가 더 흔히 처방된다. 이 약들은 세로토닌의 재흡수를 방지함으로써 신경 접합부에서 사용 가능한 세로토닌의 양을 증가시키는 것으로 간주된다. 이것이 곧 약물이 기분에 영향을 미치는 방법에 대한 일반적인 설명이다.

SSRI는 우울증뿐만 아니라 PTSD(외상후스트레스장애), 사회 불안 장애 그리고 OCD(강박 장애)를 포함한 다양한 불안 장애에 사용된다. 또 PMS(월경 전 증후군)나 덜 분명한 정신의학적 상황에서도 사용된다. 미르타자핀(mirtazapine)과 벤라팍신(venlafaxine) 같은 좀 더 최신의 항우울제는 세로토닌과 아드레날린 모두에 효과가 있는 것 같다. 부작용은 약품마다 다르다. SSRI에는 메스꺼움, 식욕 감소(하지만 어떤 때는 식욕 증가), 두통, 수면 장애(더 졸립다거나 잠을 이루지 못함)와 성기능 장애처럼 보다 흔하게 나타나는 부작용이 있다.

항불안제. 이 약들은 불안 증상을 완화한다. 벤조디아제핀(Benzodiazepines)은 디아제팜(장시간 효과)과 로라제팜(lorazepam 단시간 효과)과 같은 약을 포함한다. 그 효과는 감마 아미노뷰티르산(GABA)이라고 부르는 신경 전달 물질을 통해 나타난다고 여겨지며, 차분하게 만드는 효과가 있다고 믿는다. 중독성이 있어서 벤조디아제핀은 일반적으로 단기간에만 사용한다. 여러 다른 약 역시 불안 감소를 위해 사용되는데, 거기에는 SSRI, 프레가발린(pregabalin), 벤라팍신 그리고 부스피론(buspirone)이 포함된다. 다시 말해서 부작용은 약에 따라 다양하다. 예를 들어 벤조디아제핀은 혼란, 졸음 혹은 근육 작용의 일치와 균형 감각의 문제를 일으킬 수 있다. 대체로 이는 복용량을 조절함으로써 해결된다.

항정신증제. '주요 안정제'라고 가끔 불리는 이 약들은 조현병이나 편집증과 같은 더 심각한 정신의학적 질병을 진단받은 사람을 치료하는 데 사용된다. 이는 환각이나 망상을 경험하는 사람을 위한 치료제로서, 그리고 정신 질환 증상의 재발 방지를 위한 유지 치료제로서 급성 상황에서 사용된다. 장기간 치료는 가끔 약물을 서서히 주입하는 '데포'(depot) 주사를 맞는다. 이 약품들의 작용을 설명하는 주요 이론은 그것이 뇌의 도파민 수용기를 방해한다는 것이다. 여기에는 부작용 역시 뒤따른다. 도파민은 근육과 동작의 통제에 관여한다. 그리고 이 약들은 파킨슨 병 증상과 약간 닮은 증상을 일으켜서 경직되거나 떨리게 하기도 한다.

기분 안정제. 어떤 사람은 반복적으로 우울증이 재발하거나, 우울증 에피소드와 조증이라 불리는 상태가 번갈아 나타나기도 한다. 기분 안정제는 그런 에피소드의 빈도나 심각성 정도를 예방하거나 적어도 감소시키려는 목적으로 장기간 복용한다. 여기서 사용되는 약은 카르바마제핀(carbamazepine)과 발프로산나트륨(sodium valproate) 같은 항뇌전증 약만 아니라 리튬(lithium)도 포함된다. 리튬은 혈액에서의 치수가 너무 높아지면 심각한 부작용을 유발할 수 있다. 그래서 이를 복용하는 사람은 정기적으로 혈액 검사를 받아 알맞은 양을 복용하고 있는지 확인한다. 체중 증가, 갑상선 장애, 그리고 위장 장애 증상이 공통적인 몇몇 부작용이다. 어떤 사람은 리튬이나 다른 기분 안정제를 섭취하면 기분이 약간은 '무미건조해진' 느낌을 받는다고 말한다.

약물 사용을 위한 원칙

정신적 질병을 위한 약물 사용은 가능한 한 적은 양을 가능한 한 짧은 기간 사용하는 것이 좋다고 하는 타당한 이유가 있다. 정신의학자들은 문제 재발을 방지하기 위해 장기간 약물 사용이 필요한 특정한 상황을 규명했다.

약물 치료를 일종의 '만병통치약'이 아닌 광범위한 치료 전략의 한 요소로 이해하는 것 또한 현명하다. 식이요법, 운동, 수면 등 건강한 생활 습관은 언제나 바람직한 선택이다. 다음 장에서 서술할 상담 치료와 같은 더 구체적인 중재 역시 적절하다. 우리는 약물과 상담 치료를 둘 중 하나로 보기보다 둘 모두의 관점에서 보아야 한다.

약물을 사용할 때, 우리는 이를 신실한 제자도의 여정과 별개로 보지 말고, 믿음의 눈으로 보아야 한다. 과학이 발전하고 효과적인 의학적 치료가 개발될 때마다, 그것을 하나님이 우리에게 허락하신 선물과 자원의 실현으로 볼 수 있다. 과학적 진보에서 비롯된 선물을 돌보고 지혜롭게 사용하기를 우리는 추구해야 한다. 그리고 그것이 축복임이 입증되면 우리는 이러한 일반 은총에 대해 하나님께 감사할 수 있다. 이것은 우리의 소망이 결국에는 우리가 복용하는 알약이 아니라 우리를 도우시기 위해 모든 종류의 서로 다른 사람과 자원을 은혜롭게 공급하시는 하나님 안에 있다고 보증할 것이다.

중요하게 강조해야 할 점은 이런 종류의 약을 복용하거나, 혹은 복용을 멈추거나, 혹은 복용량을 변경하려는 그 어떤 결정도 '절대적으로 반드시' 의료진의 감독을 받아야 한다는 것이다. 이것은 광범위한 효과와 부작용을 가진 복잡한 약품이다. 이런 약을 복용하는 사람은 언제나 의료진의 충고를 구하고 따라야 한다.

마무리 예시

관절 부상을 당한 사람은 종종 스스로를 지탱하기 위해 목발을 사용한다. 그런 보조물은 관절이 치료되는 동안 잠깐만 필요하다. 시간이 지나면 그 지지대의 사용을 넘출 수 있고, 또 멈추어야 한다. 목발을 필요 이상으로 사용하면 관절을 정상적으로 작동하지 못하게 해 새로운 문제를 야기할 수 있다. 하지만 어떤 부상은 너무 심해서 관절을 장기간 지지하는 것이 유일한 해결책일 때도 있다. 하지만 그런 경우라도 지속적인 신체적 치료와 함께(예를 들어, 물리치료와 규칙적인 운동 같은), 다른 일을 할 수 있고 해야만 한다.[4]

이것이 정신의학 계통의 약 사용을 바라보는 유익한 방법이 될 수 있다. 이는 증상 관리를 돕는 일시적 지지대이며, 다른 것들은 증상의 향상을 돕기 위해 이루어진다. 하지만 가끔은 훨씬 장기간의 약물 사용이 필요하다. 이와 같은 방식으로 약물 처방은 치료에 있어서 중요한 부분을 차지한다.

---

[4] 이 예시는 마이크 엠렛(Mike Emlet)이 탁월한 소책자 『진술과 치방』(*Descriptions and Prescriptions*, New Growth Press, 2017)에서 각색한 것이다.

● 성찰을 위한 질문 ●

1. 혹시 정신의약품을 복용한 적이 있는가?(예. 안정제)? 그전에 그것에 대해 어떤 느낌을 가지고 있었는가? 그것을 복용할 때는 어떤 느낌을 주었는가?

2. 약에 대해 들은 여러 이야기 가운데 정신적 질병을 앓는 사람을 위해 어느 것이 도움이 되었거나, 혹은 전혀 도움이 되지 않았는가? 이것이 당신으로 하여금 도움이 되는 약과 그 가치를 지나치게 의심하게 만들었다고 생각하는가?

3. 그리스도인은 절대로 정신과 약을 복용하지 말아야 한다고 주장하는 사람에게 우리는 무엇이라 말할 수 있겠는가?

5.
상담 치료의 이해

정신건강 문제로 어려움을 겪는 사람은 때때로 이를 이야기하기로 결심한다. 보통 그 대상은 가족이나 친구가 된다. 짓누르는 불안과 두려움을 대면하면서, 좀처럼 나아지지 않을 것 같은 침체된 마음에 울적해져서, 혹은 우리가 저항할 수조차 없는 해로운 습관과 싸우면서, 그렇게 낯선 경험은 가끔 우리를 몰고 가서 다른 사람과 말을 하게 만든다.

우리는 자신이 어림잡을 수 없는 것의 의미를 찾기 위해 다른 사람의 도움을 바란다. 대화를 통해 푸는 것이 가장 기본적인 첫걸음인 듯하다. 어쨌거나 "백지장도 맞들면 낫다."고 하지 않는가?

하지만 항상 그렇지는 않다.

가끔은 우리의 낯선 경험이 우리를 침묵하게 할 것이다. 우리가 어떻게 그토록 이해하기 어려운 것을 표현할 말을 찾을 수 있을까? 사람들이 우리를 어떻게 생각하겠는가? 사람들이 알도록 그 일을 말하는 것은 우리가 그토록 부정하려는 현실을 허용하는 것이다. 우리는 이것이 우리에게 일어나기를 원하지 않는다. 그리고 아마도, 그것을 무시함으로써, 그것이 그냥 사라질 수도 있을 것이다. 그러면 아무도 우리가 가진 미친 생각에 대해 알 수 없을 것이다. 가끔은 입을 열어 말하는 것이 매우 어려울 수 있다.

이번 장에서는 가능한 여러 '상담 치료'에 대해 알아볼 것이다. 정신건강 문제로 고통받는 사람은 가끔 그런 도움을 제안받을 것이다. 그러므로 이를 이해하는 것이 중요하다. 하지만 우리는 우선 전문적인 상담과 치료가 대화로 도움을 주는 더 많은 비공식적인 방법과 어떻게 나란히 자리하는지 알아야 한다.

서로 다른 종류의 대화

사람들은 일반적으로 전문가를 찾기 오래전부터 친구나 가족으로부터 정신건강 문제를 위한 도움을 구한다. 그리고 우리는 사려 깊은 삶의 경험에서 비롯된 지혜의 가치를 평가절하해서는 안된다. 상식적인 해결책이 가볍게 취급되어서는 안 된다. 많은 어려움이 그런 식으로 초기에 해결되어 왔다.

사실, 그 분명한 복잡성에도 불구하고 모든 상담 치료는 몇몇 기본 요소를 갖고 있다. 첫째, 어떤 사람이 우리의 경험을 경청하고 이해한다. 그런 다음 앞으로 나아갈 새로운 길을 제안하는 어떤 방향 재설정이 제시된다. 친구가 그것을 할 수 있고, 목회자도 그렇게 할 수 있다. 어떤 일에 대해 함께 이야기하자고 제안하는 것만으로도 대단한 가치가 있으며, 우리는 결코 그 기회를 잃어서는 안된다.

간단한 안내

이 분야에서 사용되는 용어와 제목은 혼란을 줄 수도 있다. 다음 목록은 이 분야의 복잡성을 탐색하는 데 도움을 줄 것이다.

심리학은 인간 마음과 그것이 인간 행동에 미치는 영향에 대한 연구이다. 심리학자는 이 분야에서 훈련받은 사람이며 임상심리사는 정신건강 분야의 심리학을 전공한 사람이다.

정신의학은 정신적 질병을 다루는 의학 분야이다. 정신의학자는 일반적인 의학 훈련을 마친 의사로서(외과 의사나 소아과 의사처럼) 정신적 질병을 가진 사람을 돌보는 전문가이다.

정신건강 서비스는 일반적으로 전문적 배경을 가진 다양한 사람으로 구성된 학제 간 팀이다. 보통 다음과 같은 사람을 포함한다. 정신과 의사, 심리학자, 사회 복지사, 정신과(혹은 정신건강) 간호사, 작업 치료사. 이들 가운데 누구라도 상담을 제공할 수 있다.

심리 치료는 상담 치료를 포괄적으로 묘사하는 용어이다. 이 용어(Psychotherapy)는 '영혼'을 의미하는 그리스어 '프쉬케'(psuche)와 '치료하다' 혹은 '낫게 하다'를 뜻하는 '데라퓨오'(therapeuo)에서 비롯되었다. 심리 치료는, 어원적으로 말하자면 영혼의(혹은 영혼에 의한) 치유이다. 이는 대화에 의존하는 광범위한 심리 치료를 묘사하는 데 사용된다.

상담은 말 그대로 권면을 제공하는 것이다. 상담사는 직업 상담, 스포츠 상담, 결혼 상담 등 여러 분야에서 활동한다. 상담으로 도움을 주는 사람은 그들이 제공하는 상담이나 그들이 받은 훈련으로 구별될 수 있는데, 정신 역동적 심리 치료, 가족 치료, 인지 행동 치료(CBT), 비지시적 상담 등이 있다.

약간의 공통점과 약간의 차이점

모든 상담사와 치료사는 경청하고 이해하려 한다. 잘 훈련된 경청 기술을 사용함으로써 그들은 사람이 자신의 경험과 그들이 처한 어려움을 묘사하도록 돕는다. 가끔은 상담에 교육적 요소도 있다. 그들이 경험하는 것이 무엇인지 이해하도록 돕는 것이다. 어떤 상담은 충고와 안내를 잘하고, 어떤 상담은 분명 그렇지 못하다.

비지시적 상담은 충고나 지도를 회피한다. 그 대신 생각하고 탐색할 수 있는 공간을 제공함으로써 사람들이 스스로의 결정과 해결책에 도달할 수 있도록 격려한다.

경험 치료/상담은 더욱 피부에 와 닿는 신체적 혹은 감정적 경험에 의지하는 접근이다. 어떤 이는 이것이 '위에서-아래로'가 아닌 '아래에서-위로' 치료라고 생각한다. 왜냐하면 순수하게 생각이나 대화에만 의지하지 않고, 어떤 종류의 신체적 경험을 포함하기 때문이다. 그 예로는 놀이 치료와 EMDR(안구운동 민감소실 및 재처리 기법)이 있다.

개인 심리 치료에서 어떤 사람은 상담사나 치료사를 혼자 만나지만, 부부 상담에서는 관련된 두 사람이 상담사를 함께 만난다.

집단 상담에서는 집단 상담사가 주재하는 여러 번의 모임을 위해 서로 관련이 없는 사람들이 함께 모인다.

심리 치료사를 위한 자격과 인증은 매우 다양하다. 어떤 나라에서는(현재 영국에서는 그렇지 않지만) '상담사'란 등록된 일부 사람에게만 제한적으로 사용되는 용어이다. 인증 주체는 훈련과 실습을 감독할 뿐 아니라 등록을 관할한다. 그러므로 정신건강을 위해 도움을 요청하기 전에 상당한 주의를 기울이고 또 다른 사람으로부터 추천을 받는 것은 의미가 있다.

상담의 공통적 접근

사람들이 일반적으로 상담을 받으려 하는 이유는 어딘가 '아프기' 때문이다. 그리고 일반적으로 그들의 바람은 그 아픔이 없어지는 것이다. 그래서 사람들은 자주 어떤 상담이 아픈 상처를 가장 빠르게, 가장 멀리 사라지게 할지 그저 알고 싶어한다.

하지만 우리가 보게 되듯이, 다양한 상담 접근은 사람과 그들의 문제에 대해 서로 다른 관점을 가지고 있다. 그들에게 무엇이 잘못되었으며 왜 그런지에 대한 신념을 가지고 있다. 또한 사람을 낫게 하는 것이 무엇인지, 그리고 정말 무엇이 '더 나은' 상태로 보이게 하는지 신념을 가지고 있다. 이런 신념 가운데 일부 혹은 전부는 근본적으로 성경적 사고와 불일치한다. 그 모두는 열심히 대화 치료를 받는 일을 매우 복잡하게 만들 수 있다. 아래의 짧은 글에서 우리는 우울증과 불안을 겪는 40대 여성 세일라(Sheila)를 돕기 위한 각각의 접근이 무엇인지 알아볼 것이다.

정신 역동적 치료

지그문트 프로이트(Sigmund Freud)의 사상은 오늘날 종종 하찮게 여겨지거나 심지어 조롱거리가 되기도 한다. 하지만 그는 서구 사고에 지대한 영향력을 발휘해 왔다. 오늘날 공통적인 많은 생각이 그에게서 비롯되었다. 우리에게 억압, 퇴행 그리고 투사와 같은 개념을 소개한 사람이 프로이트이며, 무의식적인 마음을 처음으로 소개한 것도, 그리고 그것이 꿈이나 말실수(프로이트적 말실수)에서 나타난다고 주장한 사람도 프로이트였다.

오늘날 사용되는 여러 심리 치료는 어느 정도, 프로이트의 생각에서 비롯되었다. 그의 생각을 몇몇 문장으로 적절하게 담아내기는 어렵겠지만, 여기서 간단한 요약을 하려고 한다.

프로이트는 우리 모두가 정서적 성숙을 발전시켜야 한다고 믿었다. 그 성숙이란 우리 모두가 공통적으로 겪는 내면의 감정적 어려움을 대항하는 것뿐 아니라, 인생의 도전적인 환경을 대처하는 능력으로 특징지어진다. 프로이트는 아이가 경험하는 강력한(그리고 오히려 어두운) 원시적 정서를 제대로 관리하려면 부모와의(혹은 다른 주 양육자와의) 안정된 돌봄 관계가 필요하다고 믿었다. 그런 안정감으로 그들은 그런 감정을 관리하는 건강한 방법을 개발하고 정서적으로 성숙해진다. 아이가 안전하고 안정된 양육을 받지 못할 때, 그들은 이런 감정을 다룰 훨씬 덜 적응적인 방법을 개발한다. 정서적 성숙을 이루는 데 실패하면 이후에 정서적 장애를 통해 다양한 관계적 어려움으로 느러난다고 그는 믿었다.

정신 역동적 치료에서 내담자는 안전하고 안정된 치료적 관계의 맥락에서 이런 어려움을 재경험한다. 이로써 그들에게 어려움을 일으키는 미성숙한 방법을 대체하여 더 낫고 더욱 성숙한 감정 치리 방법을 터득하게 한다. 무의식적인 두려움과 욕망은 의식화되고, 그들이 알아채지 못하는 힘에 의해 통제되는 느낌 대신 환자는 자신을 아는 지식에서 성장하여 자신의 삶을 위해 더 지혜롭고 성숙한 결정을 내릴 수 있게 된다.

정신 역동적 치료는 다른 어떤 여러 치료보다 더 오래 진행되며 보통 정서적으로 소모가 더 크다. 세일라의 사례를 보면, 어릴 적 그녀의 어머니는 병원에 오래 입원하게 되어 세일라는 엄격하고 정서적으로 매정한 이모와 지내게 되었다. 이 치료 과정에서 세일라는 당시 버림 받은 느낌을 다시 경험했으리라 상상할 수 있다. 치료를 받으면서, 처음에 이모를 향한 분노처럼 보였던 것은 점차 엄마가 절대 그녀를 사랑하지 않았으며, 병원에 입원해서가 아니라 그녀를 낳은 것을 후회했기 때문에 버려졌다는 세일라의 두려움을 드러냈다. 이런 '정신 역동'은 치료자가 아파서 몇 번의 상담 시간을 놓쳤을 경우 그 정체를 드러낸다. 이런 부재는 세일라에게 있어서 '버림 받음'이란 깊은 감각을 일으키는데, 이는 치료자에 대한 강력한 정서적 반응을 동반한다. 이런 '전이' 반응(다른 곳에 속한 감정을 상담사에게 정당하게 반향하는 정서적 반응)은 치료를 통해 탐색될 것이다.

행동 치료

행동주의는 인간의 활동을 자극과 반응의 관점에서 설명한다. 자극 A가 반응 B를 일으킨다. 한 벌의 학습된 반응이 어려움을 일으키면 그 해결책은 어떤 새로운 것을 학습하는 것이다.

예를 들어, 거미 공포증(과장된 공포 반응)을 가진 사람이 다리 여덟 개를 가진 이 친구를 무서워하지 않도록 학습할 수 있다. 그 기법은 '노출 및 반응 방지'라 부르는데, 어떤 사람을 두려워하는 대상에 노출시킴으로써 그들의 불안이 더욱 일반적인 수준으로 감소되도록 하는 것을 포함한다. 이런 방법으로 그들은 공포에 대한 적절한 반응을 학습한다. 이 치료법은 사람이 무엇을 생각하고 있는지에 그다지 관심이 없다. 중요한 것은 생물학적으로 그리고 행동적으로 반응하는 방식이다. 여기서 인지 행동 치료(CBT)와 대조된다.

세일라와 같이 우울증을 겪는 사람을 돌보는 일에 있어서 행동치료가 주요 요소로 사용되는 경우는 드물다. 말한 김에, 우울증은 때로 강박적 특성과 결합될 수 있다. 만일 세일라가 세균 감염을 두려워하여 강박적 행동을 일으켰다면 '노출 및 반응 방지' 프로그램을 사용할 수 있을 것이다. 하지만 더 구체적으로 우울증을 치료하도록 돕는 일이 우선되었을 것이다.

인지 행동 치료

스토아 철학자 에픽테토스(Epictetus)는 인지 행동 치료의 핵심을 간파한다. 그는 "사람은 사물에 의해서가 아니라 그들이 취하는 사물에 대한 관점에 의해 불편함을 겪는다."고 통찰한다. 예를 들어, 친구가 주말에 만날 계획을 취소한다고 가정해 보자. 그 자체는 그다지 불편함이 없다. 그것이 불편한 이유는 친구가 나를 좋아하지 않아서 계획을 취소했다는 관점으로 바라보기 때문이다.

이런 해석에서는, 생각이 감정을 몰아가기 때문에 우리가 생각을 통제할 수 있다면 우리의 감정까지도 통제할 수 있다는 결론에 이른다. '자동적인 부정적 생각'(가끔 '불쑥 떠오르는 생각'이라 부르는)은 우리 마음에 뛰어들어 원하지 않는 감정적 반응을 일으킨다. 예를 들면 이런 생각들이다. "내가 이 과제에서 A학점을 받지 못한다면 나는 실패자야." "그들은 나를 싫어하는 것이 분명해. 전화를 안 하거든." "나는 운전에는 형편없어. 나는 절대 면허시험에 합격하지 못할 거야."

인지 행동 치료는 반대 의견을 제시하며 이런 '사고의 오류'에 이의를 제기한다. 부정적인 생각을 줄이고 자존감을 높이도록 도움을 주며 부정적인 정서 경험을 멈추게 한다. 인지 행동 치료에서 사람들은 자신의 그릇된 생각을 기피하고 부정적인 감정을 저지한다.

인지 행동 치료는 초창기에는 대부분 우울증과 불안을 치료하기 위해 사용되었으나, 그후 매우 다양한 상황에 적용되어 왔다.

세일라는 아마 일터에서 사람들의 반응에 어떻게 대처할지 인지하는 데 도움을 얻을 것이다. 세일라는 격려의 말은 "그저 나한테 좋게 말해 주려는 것뿐이야."라고 무시해 버린다. 그러나 아주 사소한 비판조차도 "아무도 내가 이 일을 잘 해낼 거라고 믿지 않아. 나는 절대 이 일을 제대로 배울 수 없을 거야."라는 생각으로 이어진다. 상담에서는 이런 생각에 도전하기 위해 세일라가 여러 번 승진했고, 회사의 다른 직원이 해고되는 시점에도 특정 프로젝트를 위해 특별히 선택되었다는 사실을 근거로 든다.

내담자 중심(혹은 비지시적) 상담

이 접근은 정신 역동 이론에서 인간 본성에 대한 일반적인 관점이 너무 어둡고 부정적인 것을 발견한 인본주의 심리학에 근원을 두고 있다. 그들은 사람과 그들의 성장 잠재력에 대해 훨씬 긍정적으로 생각하기 원한다. 그렇다면 상담에 대한 이런 접근에서, 사람은 성장을 향한 타고난 충동을 가진 것으로 이해되며, 방해물이 없는 한, 사람은 건강하고 적합한 방식으로 성장하게 될 것이다. 사람은 잘 성장하도록 설계되었고, 오직 외부 요소만이 그렇게 되지 못하도록 방해한다.

긍정적이고 수용적이며 공감적인 관계를 제공함으로써, 내담자 중심 상담은 사람이 잘 성장할 수 있는 맥락을 제공한다. 그들은 자신의 진정한 자아와 접촉할 수 있으며 그들 자신의 잠재력을 발견함으로써 그들이 될 수 있는 최고의 모습이 될 수 있다. ('비지시적' 상담이므로) 사람은 이것을 성취하기 위해 안내나 지도가 필요하지 않다. 단지 긍정적인 환경만 요구될 뿐이다.

세일라는 자신의 상담 경험이 매우 고무적이라는 사실을 안다. 그녀는 자신의 상담시기 그녀를 완전히 이해한다고 느끼고, 그들에 의해 지지받는다고 느낀다. 그녀는 자신의 장점을 발견하고 그것을 탐색하도록 돕는 사람에게 감사한 마음을 가지고 있다. 그녀가 부정적인 감정을 표현할 때 상담사는 경청하고 공감한다. 이것이 점차 그녀를 도와 왜 이런 생각이 그동안 매우 그녀의 마음을 불편하게 했는지 이해하게 되었다. 그녀는 자신의 장점과 단점을 수용하는 자신을 보게 되었고, 더는 이전처럼 실패에 대해 자신을 비난하지 않는다. 전체적으로, 상담이 진행되면서 그녀는 자신감과 자아 가치감에서 서서히 성장하고 있음을 알게 되었다.

가족 및 부부 상담

많은 상담 접근법이 가족과 부부 관계에 도움을 준다. 문제는 더 넓은 관계망을 고려하여 탐색된다. 관계적 체계는 상호 연결된 전체이기에 전체 체계의 변화 없이 한 부분만 변할 수 없다. 문제점은 전체 체계와의 관계 속에서 탐색된다. 그러므로 학교에 가지 않겠다고 거부하는 아이는 어쩌면 부모의 갈등에 놀랐기 때문에 그럴 수 있다. 아이는 자신이 집에 있으면 부모가 헤어지지 않으리라고 생각한다. 한편 부모의 갈등은 그 자체로 확대 가족에게 강력한 영향력을 미치는 까다로운 노부모와 연결될 수도 있다. 효과적인 변화를 일으키기 위해서는 여러 다른 개입을 동시에 필요로 한다.

비슷한 방식으로, 부부 상담은 각각의 내적 역동이 아니라 관계 그 자체에 존재하는 역동을 탐색한다. 아마도 세일라는 남편과 함께 상담받으러 왔을 것이고, 아이를 가질 수 없는 것에 대해 두 사람이 느끼는 실망을 함께 탐색할 것이다. 그들은 각각 깊은 죄책감과 슬픔을 느낀다는 사실을 알게 된다. 하지만 그 누구도 상대에게 말할 수 없다고 느낀다. 왜냐하면 그들은 서로를 돌보려 하면서도 자신의 죄책감은 혼자 감당하려 했기 때문이다. 부부 상담은 이런 실망을 탐색할 기회를 제공한다. 이 과정에서는 한 사람이 상대방의 감정을 듣고, 그 감정에 반응하는 책임은 제3자인 상담가가 지게 됨으로써 안전한 환경에서 서로의 이야기를 나눌 수 있다.

그 외의 치료적 접근

집단 상담은 집단이라는 맥락에서 관계 패턴을 재현한다. 그런 관계적 경향을 경험하고, 다른 사람이 그것을 지적하게 하는 것은 통찰력과 변화를 얻는 강력한 방법이 될 수 있다. 통합적 혹은 절충적 상담은 다양한 상담 접근을 활용하는 접근법을 서술한다. 통합적 상담사는 두 개 혹은 그 이상의 접근에서 비롯된 요소를 결합시킨다. 절충적 상담사는 그들이 생각하기에 각 개인을 위해 가장 적합할 것 같은 것 하나를 선택하는데, 일련의 접근법으로부터 고른다.

기독교 세계관 관점에서의 성찰

지금까지 서술한 다양한 상담법의 장점과 단점에 대해 기독교적 관점에서 할 말이 많다. 분량의 한계상 네 가지 일반적 관찰을 살피고사 한다.

1. 일반 은총

일반 은총이라는 말은 신학자들이 하나님이 세상을 움직이시는 방식을 통해 그분의 선하심을 어떻게 모든 사람에게 보여주시는지 묘사할 때 사용하는 용어이다. 그래서 비록 정부, 체계 그리고 상담사가 하나님을 믿지 않는다고 해도, 그들이 하는 일은 하나님이 개개인에게 그분의 선하심을 보여 주는 부분적인 방식일 수 있다.

일반 은총 교리는 우리에게 주어지는 모든 좋은 것이, 그들이 하나님을 인정하지 않는다 해도, 우리의 사랑하는 하늘 아버지의 손에서 나온다고 알려 준다.

그러므로 우리는 이런 각각의 치료법에 많은 가치와 통찰력이 있다는 사실을 부인해서는 안된다. 우리는 과거의 영향을 받는다. 관계의 패턴은 반복되고, 한 세대는 다음 세대에 실패를 물려준다. 야곱은 자신이 그의 형 에서인 척하면서 아버지 이삭을 속였다(창 27장). 이후에 야곱은, 우선 라반에게(창 29장) 그리고 그다음에는 요셉이 죽었다고 말한 자기의 아들들에게 속았다(창 37장).

성경은 습관의 피조물이 되려는 우리의 성향을 안다. 그리고 우리의 생각이 어떻게 우리를 만드는지도 안다. 이런 치료적 접근은 인간이 작동하는 방식의 실제적인 측면을 포착하고 있다. 그러나 무엇이 진리를 담고 있다는 사실을 인정하는 것이 꼭 그것이 포괄적으로 참되다는 의미는 아니다.

2. 세계관은 수입된다

이런 치료적 접근을 지탱하는 심리학적 가정은 어느 시점에서는 불가피하게 드러난다. 예를 들어 인지 행동 치료는 우리에게 적절한 수준의 자존감이 자라야 할 필요가 있다는 확신을 일으킨다. 하지만 자존감은 성경적 개념이 아니다. 성경은 우리가 하나님을 경외하는 (혹은 경외하지 않는) 방법에 대해, 그리고 물론, 우리에 대한 하나님의 판단에 대해 관심을 갖는다.

유사하게도, 내담자 중심 상담에서 사용하는 "당신의 잠재력을 깨달으라."는 오늘날 문화에서 지배적인 주제이다. 하지만 성경은, 우리가 심히 기묘하고 놀랍게 만들어졌지만(시 139:14), 우리는 또한 죄악에 빠졌다고 가르친다(시 19:12; 51:3-5). 그리고 내 자아를 실현하라고 격려하면 즉시 나의 죄악된 욕망에 빠지고 '오조리 나만' 생각하게 하는 삶(인생에 대해 근본적으로 비기독교적인 접근)을 살게 하는 근거가 될 수 있다고 가르친다.

3. 경험이 중요하다

이런 상담 치료에서 일반 은총을 확인하고 이를 성경적 지혜와 함께 신중하게 엮을 수 있다면 매우 이상적일 것이다. 그러나 이를 위해 필요한 기술이 널리 사용되지 않고 있다. 보통 정신건강 문제로 고통을 직면한 사람을 그렇게 성가시게 할 만한 여유가 없기 때문이다. 도움은 필요하다. 하지만 안타깝게도 전문적인 도움이 매우 부족한 경우가 많다. 정신건강 서비스는 재정이 부족하고 과중한 부담을 안고 있어서 그렇다.

그러므로 필요한 곳에서 정신건강 서비스를 활용하는 것이 옳고 타당하다. 이런 세상의 상담은 고통 가운데 있는 사람에게 요긴한 도움을 제공할 수 있다. 하지만 그런 상담 치료를 받는 사람이 자신이 받는 도움에 대한 생각을 숙고하도록 도울 만한 경건한 그리스도인을 만나는 편이 지혜로울 것이다. 상담이 진행되는 동안 이는 그들로 하여금 그리스도 그리고 복음과 연결되어 있음을 발견하도록 도울 것이다. 우리가 받는 그런 도움을 성경 그리고 우리 주님과의 관계에 연결시킬 수 있다면 보통 그 결과는 훨씬 풍성할 것이며 훨씬 더 강력할 것이다.

4. 성경적 상담

이상적으로 말하면, 우리는 이 모든 요소를 풍성하게 함께 엮어 가려 한다. 우리의 교회는 사람들을 알고, 그들의 문제를 알고, 도움을 제공하는 일에 훈련되고 경험 있는 조력자를 보유하게 될 것이다. 우리는 이런 일을 우리의 지혜이신 그리스도의 풍성함 위에(고전 1:24), 그리고 우리 마음의 생각과 뜻을 판단하는 그분의 살아 있고 활력 있는 말씀 위에 세울 수 있다(히 4:12). 어떤 의미에서 이것이 성경적 상담의 목표이다. 바로 그런 지혜를 열망하고 바로 그런 도움을 전해 주는 것 말이다.

하지만 지혜에 있어 성장하는 데는 시간이 필요하다. 그리고 여러 해 교회가 정신건강 문제로 힘들어하는 사람을 돌보는 일에 머뭇거리고 있었기 때문에, 우리는 상대적 빈곤의 상태에서부터 시작하고 있다. 하지만 만일 우리가 심리학에서 발견한 지혜를 회복하여 복음의 은혜와 성경 말씀의 능력을 서로의 삶에 적용하는 법을 배울 수 있다면, 우리는 다른 어떤 상담 치료를 능가하는 상담 치료를 하게 될 것이다. 우리는 궁극의 심리 치료(우리 영혼의 치유를 위한 하나님의 고유한 복음 계획)로부터 유익을 얻을 것이다.

지금 우리는 이것을 향해 나아간다.

● **성찰을 위한 질문** ●

1. 이번 장에서 서술된 치료법을 되돌아보라. 이 접근법 가운데 본질적으로 무엇이 일상적인 대화에서 나올 수 있는가?
2. 일반 심리 치료와 상담사에 대해 우리는 어떻게 느끼는가? 기본적으로 의구심을 가지는가 아니면 지지하는가?
3. 당신의 생각에는 치료와 신학 사이의 '점을 연결시키기' 위해 어떤 도움이 필요한가?

제 2 부
우리는 무엇을 할 수 있는가?

들어가며

정신건강에 대해 더 잘 이해하는 일은 매우 유익하다. 그러나 이해하는 것 자체로는, 혹은 그것만으로는 충분하지 않다. 우리는 여전히 이런 질문과 씨름해야 한다. 우리는 교회로서 고통받는 이들을 돕기 위해 무엇을 할 수 있는가? 혹은 우리 회중 가운데 삶이 힘든 사람들을 돕기 위해 무엇을 해야 하는가? 우리가 첫머리에 언급해야 할 중요한 두 가지가 있다.

1. '아무것도' 하지 않는 것은 선택지가 아니다. 타락 이후로 신자는 정신건강과 항상 씨름해 왔다. 우리는 예수님이 다시 오실 때까지 계속해서 그렇게 할 것이나. 고통이 없는 교회는 존재하지 않는

다. 모든 사람이 (많든 적든) 그리스도께 나아가 그분 안에서 자라나는 과정은 언제나 고통이라는 맥락 안에서 일어난다. 성경은 분명히 말한다. 평범한 교회 공동체 안에는 깊은 상처와 무너진 배경을 가진 사람이 많다고 말이다(고전 6장 참조). 그리고 특별히 무거운 짐을 진, 그리고 연약한 사람은 주변으로 밀려날 것이 아니라 존중받아야 한다(고전 12:22-23).

2. '모든 일을' 다하는 것 역시 선택지가 아니다. 어떤 문제는 생리학적 복잡성을 가지지만, 교회는 약을 전문적으로 처방하는 곳이 아니다. 의료 전문가는 최선을 다해 그들이 하는 일을 하게 하는 것이 올바른 판단이다. 하지만 그리스도의 신실한 제자로서 우리는 우리가 가장 잘할 수 있는 일, 즉 사람들에게 믿음의 주이며 완전케 하시는 분을 가리키는 일을 한다. 그리스도인으로서 우리는 의학을 의심할 필요도 없고, 의학을 흉내 내거나 우리 교회를 치유를 위한 공동체로 개조할 필요도 없다. 하지만 우리는 지금 여기에서 약이 고통을 완화시켜 주는 놀라운 방법을 칭찬할 수 있다.

하지만 두 극단 가운데 광범위한 선택지가 있다. 어떤 교회는 구체적으로 제자훈련이나 전도 프로그램을 통해 삶이 특히나 고달픈 사람을 찾아가려 할 수 있다. 어떤 교회는 중독자를 위한 원조 프로그램을 개설할 것이다. 어떤 교회는 정신건강 문제로 갈등이 심각한 사람을 초대하는 독특한 서비스를 시작할 수도 있다. 또 어떤 교회는 어려움을 겪는 사람이나 그들을 보살피는 사람을 그저 사랑하려 할 수도 있다.

우리가 그 선택 범위의 어디에 있든지, 우리가 확신해야 할 한 가지가 있다. 하나님은 우리 가운데 정신건강 문제로 갈등하는 사람에게 하실 말씀이 엄청 많다는 것이다.

때때로 우리는 우리의 회중 가운데 있는 이 문제를 잊을 수 있다. 우리는 복음의 과거와 미래에 초점을 맞추는 바람에 다른 모든 것을 생략할 수 있다. 우리는 예수님의 죽으심과 부활이 우리의 죄를 씻은 것을 기억하고, 그분이 죽음을 정복하심으로써 영생으로 가는 길을 여셨음을 기뻐한다.

하지만 그보다 훨씬 많은 것이 있다. 성경은 아름다움과 소망의 말씀들로 넘쳐서 우리가 (조금 갈등하든 많이 갈등하든) 지금 우리의 부르심에 힙딩하게 살도록 힘을 준다는 것이다. 성경에는 우리를 도울 수 있는 것이 참 많다. 과거 상처의 위로, 계속 범하는 죄에 대한 도전, 보다 더 나은 삶을 위한 부름, 복잡한 상황을 위한 코칭 등. 그러나 가장 중요한 것은 성경이 우리로 하여금 예수님을 믿는 이들 가운데 살아 역사하시는 우리 아버지, 우리 구주 그리고 성령님과 교제하게 한다는 사실이다.

우리가 힘들 때 우리 믿음은 중요하다. 그리고 하나님의 말씀은 그분을 따르는 사람이면 누구에게든지 따뜻하며, 변화를 일으킨다. 그렇다고 설교를 한 편 듣거나 성경 공부를 한 번 한다고 해서 누군가의 통증이 낫게 된다는 뜻은 아니다. 또 우리가 바르게 가르치면 목회적 어려움이 자연스레 해소된다는 뜻도 아니다.

다만 고통을 겪는 이를 돕기 위해 우리가 할 수 있는 일이 참으로 많다는 뜻이다. 우리는 하나님의 풍성한 공급을 신뢰할 수 있다. 그분은 우리에게 복음의 소망, 성경, 기도, 공동체 그리고 내주하시는 성령님을 풍성히 주셨다.

이 책의 두 번째 부분에서 우리는 교회 대부분이 도달할 수 있는 부분에 초점을 맞추려 한다. 그것은 다음과 같다.

- 갈등에 대한 일반적인 인식을 높임으로써 사람들이 환영받는다는 느낌을 갖도록 돕는 일.
- 사람들이 그리스도를 닮은 방법으로 관계를 맺음으로써 사랑받고 있음을 느끼도록 돕는 일.
- 힘들어하는 사람들에게 자신의 진정한 정체성을 기억하도록 돕는 일.
- 갈등을 겪는 이들의 어려움이 무엇이든 그들이 더욱 예수님을 닮아가도록 다듬어지게 돕는 일.
- 사람들이 보다 광범위한 교회로부터 자원을 공급받음으로써 인내하도록 돕는 일.

이런 일을 행하면 치유가 일어나는가? 반드시 그렇지는 않다. 새 하늘과 새 땅의 이쪽 편에서는 결코 그런 약속을 받은 적이 없다. 그러나 이는 여러 어려움을 견디기 위해 우리에게 필요한 소망과 결정적인 도움을 가져다 줄 것이다.

6.
인식을 높이도록 도우라

정신건강 문제는 보편적인 인간 경험이며 그리스도인의 보편적인 경험이기도 하다. 어느 교회든 거기에는 현재 고통을 겪고 있거나 혹은 고달픈 삶의 역사를 가진 상당한 사람들이 있다. 하지만 많은 사람은 회중 속에서 그들이 혼자라고 혹은 다르다고 느끼고, 매일의 삶의 현실에 성경의 풍성함을 연결시키기가 어렵다고 밝힐 것이다.

어떤 좋은 목회적 돌봄이든 다각적인 접근을 필요로 하지만, 가장 좋고 단순한 출발지는 인식을 향상시키는 것이다. 즉 사람들로 하여금 그들이 겪는 일이 보통의 인간 경험의 경계선 안쪽에 있음을, 그들이 혼자가 아님을, 그리고 주님 안에서 또 사람들을 통해 소망과 도움을 얻을 수 있음을 알도록 돕는 것이다.

조금 전 우울증 진단을 받고 항우울제 처방을 받은 중년 여성 트리샤(Tricia)를 생각해 보라. 그녀는 여전히 아무에게도 말하지 않은 어린 시절의 학대로 휘청거리고 있다. 그녀는 아직 주변에 알리지 않은 부부 관계의 긴장감과 싸우고 있는데, 그녀 자신도 이 문제를 피상적으로 이해할 뿐이다.

평소와 같이 주일 아침에 교회에 들어갈 때, 트리샤는 상처 가득한 세상을 가지고 간다. 어떻게 인생이 이렇게 나빠질 수 있을까 혼란스러움을 느끼며 미래를 염려한다. 그런데 그녀는 어디로 걸어 들어가고 있는가? 정신건강 문제를 (공개서미사나 사석인 대최에서 소누) 편안히 논의하는 공동체인가? 아니면 이 문제에 대해 누구도 한마디도 하지 않는, 혹은 적어도 거의 말하지 않는, 이 주제가 등장했을 때 모든 사람이 조금은 어색하게 느끼는 공동체인가?

트리샤가 경험한 갈등과 그리스도 안에서 형제자매와 더불어 주님께로 돌이킬 힘은 교회 상황에 의해 큰 영향을 받는다. 내화가 가장 편안하게 흘러가는 교회에서 트리샤는 자신이 환영받고 안전하며 수용되고 소망이 있다는 사실을 더욱 느낄 것이다. 이런 분야의 주제가 등장할 때 침묵이 지배하는 교회에서는, 그녀가 부끄러움과 위화감과 어색함과 소외감을 느낄 것이다.

우리는 다음 네 가지를 통해 트리샤, 그리고 실로 전체 회중을 도와 인식을 더욱 향상시킬 수 있다.

1. 설교와 성경 공부를 통해

모든 설교자는 자신의 설교가 변화를 일으키기를, 좀 더 정확히 말하자면, 하나님의 말씀이 그분의 자녀의 삶에 선포될 때 성령님의 능력으로 하나님이 변화를 일으키시기를 원한다. 그저 회중에게 하나님의 성품에 관한 흥미로운 이야기를 알려 주거나, 사람들이 "글쎄, 그건 전혀 몰랐네!"라고 반응하게 하는 방식으로 성경 이야기를 하나하나 열거하는 것은 정말 무의미한 일이다.

설교는 단순한 정보의 소통이 아니며, 그렇다고 그저 성경에 대한 설명도 아니다(비록 그것이 한 부분을 차지하지만). 설교는 은혜의 방편 가운데 하나, 즉 하나님이 그분의 자녀를 더욱 하나님 닮게 변화시키시는 방법 가운데 하나이다.

마찬가지로 우리의 성경 공부는 단순한 '공부'가 되어서는 안된다. 우리의 주중 모임, 일대일 모임과 개인 경건 생활은 매력적인 사실들을 우리 마음에 채워 주려고 하는 것이 아니다. 우리의 영혼을 연료로 채우기 위해 한다. 타락했으나 소망 가득한 이 세상에서 그리스도를 위해 사는 특권에 대해 우리를 격려하고 고무하기 위해 말이다.

이런 목표를 이루기 위해 설교, 교육 그리고 성경 공부는 사람들이 성경의 부요함을 이 삶의 현실과 연결하도록 도와야 한다. 이것은 곧, 삶의 현실이 얼마나 힘든지에 관해 사람들이 자유롭게 말할 수 있는 자리에서 이러한 사역이 이루어져야 한다는 뜻이다. 강해 설교나 성경 공부는 우울증이나 불안에 대해 이야기할 기회를 거의 제공할 수 없을 것이다. 주제별 강연도 있겠지만, 강해 설교는 그런 자리가 아니다. 그러나 강해 설교는 정신건강 문제의 현실을, 그리고 고통받는 이들을 위한 설교 본문에 담긴 아름다운 메시지를 정기적으로 반복적으로 들려주며 그들을 위로하는 자리이기도 하다.

구체적으로 정신건강에 대해 말하는 다소 명백한 구절이 있다. 마태복음 6장 25-34절은 우리의 하늘 아버지께서 우리의 필요를 아신다고 상기시키는(32절) 영광스러운 구절이다. 이 말씀은 우리가 우리의 문제를 잘 아시는 하나님의 목전에서 살고 있으며 그분은 그 어려움들 가운데 우리를 위해 돌보시고 공급하시는 분이라고 알려 준다. 또한 하나님이 우리의 두려움과 불안을 아신다는 사실을 떠올리게 한다. 이런 구절이 하나님의 말씀 안에 있다는 바로 그 사실은, 불안이 인간의 공통적인 경험임을 보여 준다.

그렇다고 성경이 우리가 불안에 대해 알아야 할 모든 것을 알려 준다는 말은 아니다. 우리가 사람들에게 마태복음 6장이 어떤 면으로 불안에 대한 완전한 해독제라는 인상을 주면, 자칫 더 많은 불안을 일으킬 수 있다. 그러나 이 구절에 담긴 예수님의 보배로운 말씀은 불안이란 주제를 꺼낼 적당한 기회를 제공하며, 청중 가운데 다양한 사람이 그 문제를 겪을 수 있다고 알려 주고, 설교자와 인도자가 고통받는 사람을 도울 몇 가지 지침을 나누도록 허락한다.

성경 인물이 자신의 정신건강 문제로 힘들어하는 다른 구절이 있다. 로뎀나무 아래서 생명을 거두어 달라고 기도했던 엘리야의 유명한 우울증은(왕상 19:3-4) 정신건강 문제를 경험하는 많은 사람의 절망이 무엇인지 맛보게 한다. 에스라 사람 헤만은 시편 88편에서 절망스런 기억을 보다 풍성하게 입체적으로 보여 준다. 많은 이가 느끼지만 말로 표현하지 못하는 그 감정을 정직하고 깊이 있는 언어로 담아내고 있다. "주께서 나를 깊은 웅덩이와 어둡고 음침한 곳에 두셨사오며"(6절). 그래서 우울증을 겪는 많은 이가 그의 한숨에 공감할 수 있다.

다시 말해 이 구절들은 우울증이나 자살 성향을 설명하는 것이 아니다. 이는 어떤 사람의 정신건강에 대해 포괄적인 설명을 하지 않는다. 그러나 우리에게 이런 현실을 엿보게 하고 자신 있게 말할 수 있도록 훌륭한 기회를 제공한다. 즉 믿는 자들이 때때로 좌절하는 것은 정상이며, 하나님은 우리가 울부짖을 때 기꺼이 들으신다는 확신을 준다.

하지만 이런 명백한 구절들 말고도 지역 교회에서 교인들의 인식을 일깨우는 데 유익한 본문이 있다. 우리가 설교나 소그룹을 통해 복음서를 차근차근 살펴갈 때, 수많은 본문이 우리의 시선을 하나님의 성품과 사명에 계속해서 돌리게 한다. 복음서에서 우리는 예수님의 통치권, 그분의 온유하심, 공동체와 그분의 사랑에 대한 부르심을 발견한다. 이 모두는 하나님의 사역과 방식의 다양한 측면인데, 정신건강 문제로 어려움을 겪는 이들로 여기에 주목하게 한다면, 아름다운 메시지를 전할 수 있다.

잠시 트리샤의 사례로 돌아가 보자. 어떤 설교도 과거에 겪은 학대의 공포를 없애지 못할 것이다. 어떤 성경 공부도 그녀의 우울증이나 부부 관계의 팽팽한 긴장감을 조금도 완화시키지 못할 것이다. 하지만 몇 주간에 걸쳐 여러 성경 구절을 묵상하고, 사람들로부터 그런 고난은 정상적이고, 타락한 세상에서 참으로 자연스러우며, 하나님이 그녀의 울부짖음을 들으실 뿐 아니라, 그녀가 절뚝거릴 때 필요를 공급하시며, 소망이 있다는 사실을 그녀가 듣는다면, 인식을 높이는 그 작은 순간이 쌓여서 변화를 일으킬 수 있다.

그리고 이 모두는 트리샤만 변화시키는 것이 아니다. 그런 어려움을 겪지 않는 사람들 역시 변화될 것이다. 그녀의 친구들이 그녀의 형편을 이해하고 더 큰 긍휼의 마음으로, 그녀의 문제를 보다 성경적으로 보게 할 것이다.

지역 교회는 하나님의 역사하심의 빛 가운데 그녀가 견뎌낼 수 있도록 격려할 말을 공급할 것이다. 그들 역시 미래에 어려움을 겪을 수도 있다는 가능성에 대해 마음에서부터 사람들을 준비시킬 것이다(그리고 그런 일이 일어나도 놀랄 필요가 없다). 그리고 지역 교회에서 정신건강 문제를 이야기하는 것은 괜찮을 뿐 아니라 오히려 바람직하다는 문화, 그 어려움을 하나님의 말씀의 조명 아래 나누는 문화를 형성하는 출발점이 될 것이다.

우리는 모든 설교와 성경 공부를 정신건강 문제에 대한 인식을 고양시키는 데 사용하라고 제안하는 것이 아니다. 빛이나 박해처럼 우리가 인식을 고양해야 할 다른 문제도 있다. 그리고 분명히 정서적이고 심리적인 어려움에 대해 더 적절하게 접근하는 성경 본문이 있다. 우리는 결코 정신건강이라는 주제에 성경을 억지로 끼워 맞추려 해서는 안 된다. 그러나 성도 가운데 아파하는 이들이 있고, 그들의 삶에 엄청난 변화를 일으킬 수 있는 성경의 풍성한 긍휼과 능력이 있는데, 우리가 할 수 있는 모든 곳에서 이를 연결하지 않을 이유가 무엇이겠는가?

2. 세미나를 통해

설교와 성경 공부는 여러 교회 프로그램 가운데서도 매주 정기적으로 열리는 모임이다. 이들은 우리 공동체의 영적 영양분의 핵심 기반이다. 그러나 언제나 조금 다른 시도를 할 여지가 있다. 바로 그 지점에서 주제 중심의 접근 방식이 유용하게 활용될 수 있다. 교회의 연간 일정을 짤 때 우리는 특정한 정신건강을 주제로 한 저녁 모임이나 아침 모임을 이따금 포함시킬 수 있다. 예를 들어 불안, 우울, 자해, 섭식 장애, 중독, 애도, 분노와 절망 등 회중 가운데 많은 이가 그들 자신이나 그들이 돌보는 다른 사람을 위해 성경적으로 이해하기 원하는 모든 종류를 다룰 수 있다.

어떤 교회에는 아주 손쉽게 이런 모임을 진행할 수 있는 교인이 있을 것이다. 또 어떤 교회는 이런 상황에 대해 잘 말할 수 있는 선교단체에서 전문가를 초대하려 할 것이다.[5] 하지만 대부분의 교회는 그 지역에서 전문가를 구하지 못할 수도 있다. 그리고 그것도 괜찮다. 교인 대부분은 훈련된 상담사나 치료사가 되려 하지 않는다. 하지만 대부분의 교회에는 유용한 정보를 공유할 수 있을 만큼 충분히 알고 경험했으며, 혹은 충분히 학습한 사람이 있을 것이다.

  아마도 당신이 출석하는 교회 교인들 가운데는 구체적인 정신건강진단이 실제로 어떤 의미인지에 대해 10분간 소개할 수 있는 의사나 상담사가 있을 것이다. 또는 이에 관해 성경이 무엇이라 말하는지 10분간 개관할 수 있는 교회 목회자가 있을 것이다. 교인 가운데는 그 어려움을 경험하고 하루하루가 어떤 느낌인지 조금 나누기 원하는 사람도 있을 것이다. 아마도 괴로움을 겪은 사람을 격려하고 함께 기도하면서 무엇이 통했는지(그리고 통하지 않았는지) 약간의 요령을 나눌 사람이 있을 것이다. 교회가 고통을 겪는 사람을 돕는 방식으로 토론을 할 수 있는, 혹은 좋은 자원의 목록을 배부할 수 있는 사람이 있을 것이다. 이 모두를 통틀어, 교회는 보통의 그리스도인이 지혜롭게 그리고 진정으로 그리스도를 닮은 방법으로 어려움을 겪는 사람에게 응답하도록 도울 행사를 기획할 수 있다.

  이런 모임은 정보 전달만을 위한 것이 아니다. 오히려 모든 상황에서 낙인을 극복하고, 모두가 사랑받고 환영받고 그리스도께 인도되

---

[5] 한국에 있는 성경적 상담 과정을 소개하자면 다음이 있다. 한국복음주의상담학회, www.kecs.jams.or.kr – 역주

는 삶을 살도록 공동체를 무장하는 것이다. 그 결과 통념을 추방하고, 그리스도인에게는 서로를 격려하는 일에 있어서 모두가 해야 할 역할이 있음을 상기시킨다. 그리고 정신건강 문제를 겪는 사람이 숨김없이 그것에 대해 말하고 그들이 필요한 도움을 보다 쉽게 찾도록 돕는다.

이런 모임은 사람들이 자신이 겪는 어려움에 대해 아마도 처음으로 '털어놓고 말할 수 있는' 유익한 장소를 제공한다. 그리고 같은 일로 어려움을 겪고 있지만 아직 알려지지 않은 사람을 발견할 수 있을 것이다. 또는 우울증이 있는 배우자나 거식증이 있는 아이와 혹독할 정도로 무거운 짐을 지고 살아가는 이들을 함께 모을 수 있다. 우리가 아는 어느 교회의 부부는 우울증을 앓아 왔는데, 매우 주저하면서 토요일 아침에 한 차례, 우울증을 겪는 사람들과 돌보는 사람들이 와서 그들의 경험을 함께 나누고 서로 지지하도록 커피 모임을 열었다. 그들은 정말 놀랐는데, 교인 가운데 거의 절반이 참여했기 때문이다.

3. 도서 및 자원을 통해

교회 서가는 인식을 고양하기 위해 특별한 역할을 할 수 있다. 교회 모임을 마친 후 다른 사람들이 명랑하게 대화하는 동안, 교회 서가는 어려움을 겪는 사람이 조용히 쉴 수 있는 안전한 장소가 된다.

예배 후 커피 모임은 이들에게 가장 어려운 시간 중 하나이다. 붐비는 공간에서 대화를 해야 하는 압박감은 극히 압도적인 느낌을 줄 수 있다. 그러나 책을 읽는 것은 '안전'하다. 책을 읽는 동안은 사람들과 대화하지 않아도 되기 때문이다. 주의를 돌리기 위한 기술로서 나쁘지 않다. 하지만 거기 있는 책이 그들의 고통에 대해 직접 말하고 있다면 훨씬 좋을 것이다.

단지 책이나 다른 자료를 읽는 활동만이 도움이 되는 것은 아니다. 서가에 관련 도서가 한 권 있는 것만으로도 이런 메시지를 전할 수 있다. "우리 교회는 당신과 당신이 겪는 어려움을 환영합니다. 우리는 그리스도께 시선을 고정하고 당신을 영접하고, 이해하고, 함께 동행하겠습니다." 그리고 이것이야말로 그들이 얻을 수 있는 놀라운 메시지이다.

물론 서가는 공간의 한계가 있을 수밖에 없고, 정신건강이란 주제는 언제나 보유 도서의 일부에 불과하다. 하지만 온라인 서점은 더욱 광범위해서 다양한 범주의 서적을 보유할 수 있다.

대화를 나누게 된 사람에게 추천할 만한 좋은 책을 알아 두는 것도 매우 유익하다. 이 책 끝부분에 유익하고 구매 가능한 도서 목록이 있다. 당신이 먼저 그 책을 읽고 선물로 주려는 사람에게 적합한 길이, 수준, 문장인지 확인하라. 모든 사람에게 맞는 책은 없다. 또 그 책이 그들을 도우려는 당신의 노력과 어떻게 통합될 수 있을지 생각하는 일도 언제나 유익하다. 그들에게 책을 추천하고, 내용에 대해 토론하거나 감상을 나누어 보라. 당신이 그들에게 관심이 있음을 말해 줄 것이다. 그들과 대화를 계속하고 책을 대화의 자극제로 사용하면, 당신이 그들에게 헌신하고 있음을 그들이 알게 될 것이다.

4. 간증을 통해

정신건강 문제에 대한 인식을 높이는 마지막 방법은 형제자매에게 그들의 이야기를 하도록 격려하는 것이다. 예배, 기도회, 혹은 전도 행사와 같은 공적인 모임이든, 차 한 잔을 마시는 사적인 모임이든 하나님이 정신적 고난의 아픔 가운데 어떻게 일하시는지 이야기를 나누는 것은 유익하다. 간증을 나누는 데는 한 가지 이상의 방법이 있다. 말로 할 수도 있고(대화, 인터뷰, 조용히 나누는 이야기) 벽보, 교회 간행지, 개인 SNS 등에 글을 남길 수도 있다. 노래로 바꾸어 부를 수도 있다. 방법이야 어떻든, 사람들은 어려움 가운데 소망이 있다는 사실과, 지지와 도움을 어떻게 발견하고 얻게 되었는지 들으며 용기를 얻을 것이다.

지역 교회에서 정신적 질병을 다룰 때 우리를 방해하는 또 한가지는, 하나님이 과거에 역사하셨고(우리 죄를 사하시며) 미래에도 역사하시겠지만(새 하늘과 새 땅에서 우리를 완전하게 하시며), 바로 지금은 그다지 일하시지 않는다는 은근한 의심이다. 다시 말해, 어쨌거나 오늘 우리가 씨름하는 정신건강 문제에 있어서 하나님은 특별히 적합하게 혹은 능동적으로 일하시지 않는다는 것이다. 이럴 때 간증은 하나님이 주무신다거나 우리를 돌보시지 않는다거나 혹은 아무것도 공급하실 수 없는 분이 아니라고 보여 준다. 하나님은 거기 계셔서 하나님이 아시는 최선의 길로 우리를 사랑하시고, 다스리시고, 빚으시고, 이끄시고, 변화시키신다.

때로 "저는 과거에 중독자였지만 지금은 극복했습니다." 혹은 "저는 불안이 많았지만 이제는 그리스도 안에서 자신감을 갖고 살아갑니다."라고 간증해야 할 것 같은 압박이 있을 수 있다. 물론 이런 간증은 영광스러울 수 있으나 때로 그릇된 기대를 일으킬 수 있다.

가장 강력한 이야기는 종종 이렇게 나아간다. "저는 과거 매우 불안했습니다. 저는 여전히 불안합니다. 하지만 저는 신뢰하는 법을 배우고 있고, 제가 지금 하는 것처럼 하나님과 저 자신에 관해 놀라운 일들을 발견하고 있습니다." 하나님의 성품과 활동을 드러내며, 그분을 따르는 삶이 어떻게 우리의 고난 가운데 어떤 변화를 일으키는지 피부에 와 닿도록 보여 주는 간증은 우리가 인내하도록 격려하고 놀라운 방법으로 소망을 회복하게 한다.

합리적 염려?

이것이 모든 교회가 정신건강 문제에 대한 인식을 높이는 네 가지 방법이다. 어려움을 겪는 이들이 그리스도 안에서 사랑받으며 소망을 얻는다는 메시지를 전하는 네 가지 방법이다. 바라기는, 교역자 팀이나 교인의 수가 얼마든 상관없이 적용될 수 있으면 좋겠다.

때로 교회 지도자는 이런 일을 시도하면 교회가 중심을 잃고 무너질까 봐 염려한다. 어떤 이는 정신건강에 대한 인식을 고양시키면 목회적 상담의 수문이 봇물처럼 터질까 봐 우려한다. 어떤 이는 이런 주제에 대한 이야기가 교회를 그 주된 임무인 가르침과 전도에서의 말씀 사역에서 벗어나게 할까 봐 우려한다. 하지만 이런 이야기와 생각이 자연스럽게 교회 생활에 통합될 때(전도 축제나 성경 공부, 젊은 가족을 위한 행사와 노인을 위한 점심 행사 등과 더불어) 삶을 솔직하게 나누고, 서로 짐을 지며, 복음의 소망이 모두를 세우며 교인 사이에서 자유롭게 흘러가는 장소가 되도록 교회의 시동을 걸 수 있다.

트리샤를 다시 생각해 보자. 위에서 언급한 인식을 일깨우는 활동 중 무엇도 기적적으로 그녀의 고통을 없애지는 못할 것이다. 하지만 매주 교회에서 어려움을 겪는 이가 환영받고, 하나님이 그들을 사랑하시고, 그들에게 소망이 있고, 그들을 도울 준비가 되어 있으며, 이와 같은 길을 걸어 와서 기쁨을 재발견했다는 이들이 있음을 듣는다면 어떻게 되겠는가? 그러면 정신적 질병의 부담이 있을 때에도 교회에 오는 일이 마음을 가볍게 하고, 활기를 불어넣어 인내할 결심을 하게 하고, 삶을 살아내도록 무장시켜 줄 것이다. 인식을 일깨울 때 교회는 예수 중심의 소망 공급자가 될 것이다.

● **성찰을 위한 질문** ●

1. 정신건강의 인식에 관해 당신의 교회는 현재 어떻게 하고 있다고 생각하는가? 서가에 무엇이 있는가? 설교나 성경 공부에서 정신건강에 대한 주제가 마지막으로 언급된 것은 언제인가?
2. 당신의 교회 상황에서, 정신건강 문제의 인식을 어떻게 향상시킬 수 있겠는가? 인식을 고양하는 과정에 누가 도울 수 있는가?
3. 힘들어하는 사람을 생각해 보라. 나의 간증을 나누는 것이나 책 한 권을 주는 것은 지금 그들에게 어떻게 말하는 것인가?

7.
관계를 회복하도록 도우라

누구도 지금의 인생을 혼자 항해하도록 설계된 사람은 없다. 성경의 첫 장에서 우리는 공동체를 위한 하나님의 밑그림을 본다. 아담이 혼자 있는 것이 좋지 못하여 하나님이 그에게 동반자를 주셨다. 함께 '삶을 수행할' 누군가를 주셨다.

구약 성경을 통틀어 우리는 하나님의 백성이 함께 그들의 왕에게 인도를 받는 것을 본다. 신약 성경도 똑같이, 우리는 다양하지만 그리스도인으로서 연합되었다고 말한다. 우리는 그리스도의 주 되심 아래서 한 몸, 한 건물이다. 그리스도인이 된다는 것은 다른 사람과 함께 있는 것이다. 복음만 공유하는 것이 아니라 우리 삶도 나눈다 (살전 2:8).

혼자서 길을 잃음

하지만 정신적 질병으로 고생하는 많은 이는 지독하게 혼자라는 사실을 실감한다. 그들 중에 어떤 이는 과거에 너무나 고통스러운 트라우마를 겪어서 가족 관계가 단절되었다. 우리를 양육하도록 창조된 부모에게 구타를 당하거나, 우리를 보호했어야 할 아버지나 삼촌에게 성폭행을 당한 배신감은 우리의 인생을 완전히 황폐하게 한다. 그처럼 악한 행위는 그들을 사랑했어야 하는 사람들에 의해 깊은 상처를 남긴다. 그래서 관계에 대한 그들의 태도는 심각하게 왜곡될 수 있다. 심각한 경험을 하지 않았어도 정신건강 문제를 겪는 많은 사람은 과거에 관계를 상실한 고통을 겪었으며, 그것이 현재에도 사람들과 관계 맺기를 어렵게 한다.

소외감을 일으키는 것은 가족 경험만이 아니다. 교회 경험 역시 그 고통을 일으킬 수 있다. 슬프게도 사람들을 강요하고, 통제하고 또는 신체적으로 학대하는 독이 되는 교회 문화를 경험한 사람도 있다. 그런 공포는 정신건강 문제를 키우는 기름진 토양이며, 현재 어떤 교회 공동체든 신뢰하기 어렵게 하는 깊은 상처를 준다.

그리고 동료 교인으로부터 듣는 생각 없는 말도 있다. 물론, 많은 교회가 목회적 돌봄의 훌륭한 사례를 보여 준다. 그러나 항상, 매우 지혜롭지 못한 말을 하는 사람을 쉽게 떠올릴 수 있다. "당신은 목사님이 필요 없어요. 정신과 의사가 필요하지." "눈물이 좀 덜 날 때 교회에 다시 출석하는 것은 어때요?" "이 문제에서 회복하는 데 긴 시간이 걸렸지요, 안그래요?" 이런 말은 이미 갈라진 관계의 상처에 소금을 뿌리고, 고립을 더욱 조장한다.

다르게 느끼다(혹은 보이다)

질병은 자기 돌봄을 어렵게 한다. 다시 말해 침대에서 일어나기, 옷 입기, 씻기 혹은 건강한 음식 섭취하기와 같은 기본적인 일상조차 힘들게 한다. 그리고 이런 문제는 겉으로 드러나기 쉬워 자신을 다른 사람들과 '다르게' 보이게 한다.

약물 치료는 (쓸모가 있을 수 있지만) 때로 부작용 때문에 사람들을 서로 멀어지게 한다. 어떤 사람은 대화에 집중해 맥락을 따라가는 것이 어려울 수 있다. 그래서 그들의 말이 부적절하게 느껴질 수 있다. 어떤 사람은 가만히 앉아 있는 것이 어려울 수 있다. 그래서 계속 왔다 갔다 하며 일반적인 대화를 매우 이상하게 만들 수 있다. 혹은 계속되는 갈증을 달래기 위해 물을 자주 요구하는 사람도 있는데, 이는 사람들 대부분이 기대하는 일반적인 예의에 어긋날 수 있다.

그런데 내면의 목소리도 존재한다. 실제로 들리는 목소리가 아니라(어떤 때는 그런 경우도 있긴 하지만) 내면의 독백이다. 마음의 갈등을 겪는 이들은 이것을 너무 잘 알 것이다. "아무도 너를 원하지 않아." "아무도 널 사랑하지 않아." "네가 떠나도 아무도 상관하지 않을 거야." "넌 언제나 혼자일 거야. 고독이 너의 운명이니까." 이런 말은 거짓이다. 하지만 이 거짓말은 큰 소리로 고함을 지른다. 모두 성경이 하는 말씀과 반대되지만, 우리의 깊은 절망 가운데서는 정말 설득력 있게 들린다. 그래서 정신적 질병을 앓는 사람은 자주 혼자 고립되는 편이, 혹은 다시 상처 입을 가능성을 최소화하는 식으로 관계를 맺는 편이 더 쉽다고 생각한다.

이 모두는 함께 정신적 질병을 매우 외로운 상황으로 만든다. 그러기에 어려움을 겪는 이들이 적절한 사랑의 관계에 에워싸이는 것은 변화의 경험이 될 수 있다. 거기서 그들은 안전, 신뢰, 가치와 상호적으로 주고 받는 도움을 (그들이 할 수 있는 어떤 방식으로든) 경험할 수 있다.

지혜롭게 관계 맺기

우리는 이 사실을 알 필요가 있다. "신뢰는 느리게 쌓인다." 경미한 단기 우울증으로 고생하는 사람은 아마도 매우 자연스럽게 사랑을 주고 받을 수 있다. 하지만 스펙트럼의 끝에 있는 더 심한 우울증을 앓는 사람들은 (불가능하지 않다고 해도) 그러기가 어려울 것이다.

과거에 심각한 배신을 겪은 사람이 교회 지도자나 교인을 편안히 신뢰하기란 절대 불가능하다. 극심한 압박감으로 지난 15년간 사람을 두려워하거나 분노하며 다른 사람을 밀쳐낸 사람이 갑자기 몇 달 되지 않아 자신감 있고 느긋한 사람으로 변하는 일은 있을 수 없다. 자신을 진심으로 쓸모없고 무가치하며 모자란 사람이라고 생각하는 사람은 서로 신뢰하는 건강한 인간관계를 유지할 수 없을 것이다. 그들의 뒤틀린 자아상은 언제나 다른 사람을 어떻게 보는가에 영향을 미친다.

우리가 성경에서 발견하는 예시 하나는 자라는 식물 비유이다(예를 들어, 시 1:3). 나는 식물을 키우는데, 아름다운 종류는 무엇이든 자라나는 데 오랜 시간과 많은 보살핌이 필요하다. 신속하게 솟아 나오는 식물은 잡초뿐이다. 다시 말해 정신건강 문제로 힘들어하는 사람을 도와 견고한 관계를 세우는 과정은 오랜 시간이 걸릴 수 있다는 뜻이다. 그래서 우리는 이 여정을 함께 나누어야 한다.

여기에 지켜야 할 경계선이 있다. 어려움을 겪는 사람은 흔히 오직 한 사람과의 관계를 선호한다. 완전히 이해할 만한 일이다. 만일 그들이 과거에 심각하게 상처를 입었다면, 다양한 사람을 동시에 신뢰하는 일은 질겁할 정도로 어렵다고 느낄 수 있다. 아니, 그저 어렵다고 느끼는 것이 아니라, 심각하게 위협적이라고 느낄 수 있다. 그리고 교회로서 우리는 이런 일에 주의하며 긍휼의 마음을 갖기 원할 것이다. 이미 무거운 짐을 진 사람에게 더 많은 짐을 지울 필요는 없다.

그러나 도움을 주는 사람은 대부분 정신건강 문제가 심각한 사람과 일대일 관계를 유지할 수 있으리라 생각하지 않는다(그리고 가끔 일대일 상황은 결코 안전하거나 지혜롭지 못하다는 우려가 있을 수 있다). 그런 관계를 세우고 유지하기 위해 요구되는 시간과 에너지는 지대할 수 있다. 그리고 한 사람이 혼자 감당한다면 돕는 사람은 소진되고 고통을 겪는 사람은 친구가 물러설 때 또 다른 거절을 맛보게 될 것이다.

여기서 앞으로 나가는 최고의 길은 어려움을 겪는 사람과 가볍게 대화하면서, 교회가 그들을 더 사랑하기 원한다는 사실로 그들을 안심시키고, 서로 다른 사람이 서로 다른 지원을 하는 방법을 논의하는 것이다. 그들은 오직 한 사람과 깊이 사귀기를 원할 수 있지만, 함께 개와 산책을 하거나 시장에 갈 다른 사람이 있을 수 있다.

반대로, 어려움을 겪는 사람은 매일 통화할 수 있는 인간관계에 절박할 수 있다. 이것노 완선히 이해할 만한데, 고립은 너무나 고동스럽기 때문이다. 사랑받기 원하는 마음은 이상하거나 교묘한 속임수가 아니다. 그러나 여기에서의 위험은 한 사람의 전화나 방문이 모두의 시간을 빼앗고, 교회가 다른 사람을 도울 역량을 모조리 앗아갈 수 있다는 사실이다. 전화를 받는 사람은 점차 지쳐서 어려움을 겪는 사람을 밀어낸다. 이런 결과는 그 사람의 고통을, 그다음에는 그들이 맺는 부적절한 사회적 관계를 더욱 복잡하게 만드는 경향이 있다. 그 양상은 아래로 소용돌이치는 나선형이 될 수 있는데, 이를 반드시 멈추어야 한다.

적절한 인간관계가 무엇인지 분명하게 이야기 나누면 도움이 될 것이다. (모든 사람이 도움 없이 할 수 있는 것은 아니다.) 경계선을 정하면 도움이 된다. 예를 들어, 주중에 누가 어떤 날에 시간이 있는지 알려 주면, 거절감은 줄고 소망은 더할 것이다. 모두에게서 각각 보장된 시간을 확보한다면 소진을 막고 저마다 돕는 역할을 맡았을 때 사랑하고 친절하고 집중할 수 있을 것이다. 어떻게 역할을 나눌지 그 정확한 세부 사항은 상황에 따라 다양할 수 있다.

그러나 언제나 명료해야 한다. 예를 들어 "언제든 전화하세요. 저는 언제나 당신을 위해 여기 있으니까요."라는 약속을 절대 하지 않겠다고 합의하면 유익할 것이다. 이런 약속은 하나님 외에는 결코 지킬 수 없다. 때로 경계선은 두 사람 사이에서도 세워질 수 있다. 다른 때는 교회 부서를 망라해 더 통합된 접근이 필요할 수 있다. 그러나 언제나 사람을 더 사랑하려는 목표가 있어야 한다.

형제자매와 관계 세우기

하지만 이런 지혜로운 고려를 염두에 둔다고 해도, 힘겹게 살아가는 누군가를 사랑하는 일은 참으로 아름답고 귀한 일이다. 그러나 때로는 이 사랑이 특권이라는 감각이 우리 생각에서 흐려져, 대신 그 일이 얼마나 힘겨운가 하는 감각이 우리 마음을 지배하기도 한다. 그러나 성경은 분명히 말한다. 우리는 어려움을 겪는 사람을 교회에서 없어서는 안 될 교인으로 바라보도록 부름을 받았다. 그들은 특별한 영예를 받을 가치가 있다(고전 12:23).

잠시 멈추어 이 사실을 깊이 되새겨 보자. 그토록 무거운 짐을 지고 있는, 하나님의 귀한 형상대로 지음 받은 그들은 우리가 시간과 에너지를 들여 우선적으로 섬겨야 할 절대적인 가치가 있는 존재이다. 물론 그들이 우리의 유일한 우선순위는 아닐 수 있지만 분명히 그들은 중요한 존재이며, 이 사실은 우리에게 활기를 주어 소중한 시간을 구별해 그들과 함께 동행하게 한다.

이 역할이 특권임을 기억할 때 우리는 사람들을 '사역 대상' 정도로, 다시 말해 다만 그것이 우리의 일이어서 연락해야 할 대상으로, 혹은 빨리 '교정해야 할' 대상으로 바라보지 않게 된다. 우리는 그들이 어떻게 다른 일로부터 우리 시간을 빼앗아가는지 불편해하지 않을 것이다. 이 생각은 우리에게 박차를 기해 앞뒤쇠우를 무시하고 그들의 질병만을 보는 것이 아니라, 그들을 깊이 알아가고 싶게 한다. 이는 우리를 격려하여 우리가 그들과 시간을 보내는 방법에 있어 창의력을 발휘하게 할 것이다.

그들이 어떤 지원을 중요하게 여기는지 의논하는 일은 요긴한 첫걸음이다. 정신적 질병을 앓는 사람은 여전히 사람이다. 그들은 선호도가 있고 선택할 수도 있다. 이를 잘 표현하는 편이 그들에게 유익하다. 우리가 그들의 요청에 모두 좋다고 말할 수는 없지만, 적어도 몇 개에 대해서는 좋다고 말할 수 있을 것이다.

어떤 사람은 성경적 틀에서 과거의 엉킨 상처를 풀기를 기대하고 있다. 어떤 사람은 앉아서 기도할 기회를 원한다. 어떤 사람은 함께 식사를 준비하고 나누거나, 혹은 누군가의 집에서 가족의 일원이 되어 함께 시간을 보내는 기회를 중요하게 여길 것이다. 사람들 가운데는 예약을 돕는 것, 청소하는 손길, 약간의 운동을 하도록 격려하거나 하나님의 말씀을 읽도록 돕는 것을 소중하게 여기는 사람이 있을 것이다. 그리고 그 모두가 자연스럽게 우리의 일상에 잘 맞을 수 있다. 예를 들어, 당신이 여러 사람이 먹을 카레 요리를 준비한다면 누군가를 초청해 함께 하는 것이 어떤가? 그들이 채소를 다듬는 것을 도울 수 있고, 완성한 후에는 자신을 위해 몇 끼의 식사를 가지고 갈 수도 있다.

만일 매일 묵상을 한다면, 주중 어떤 아침에는 혼자 성경 읽기 힘든 사람과 전화로 나누는 것은 어떤가? 혼자서는 걷기 힘든 친구와 함께 산책을 하는 것은 어떤가? 정신건강 문제를 겪는 사람에게 운동은 정말 좋은 활동이다. 자신을 위해 성경 구절을 적는다면 또한 다른 사람에게도 몇 구절 적어 보내면 좋을 것이다.

우리가 다른 사람을 섬기고 격려하는 방법은 참 많다. 우리의 봉사가 정신건강 문제를 제거하지는 않겠지만, 이는 그들이 혼자가 아니라 다른 사람과 더불어 그들의 문제와 전투를 벌인다는 뜻이다. 그리고 이는 과거 경험의 일부를 치료하기 시작할 긍정적인 관계를 경험하게 할 것이다. 이는 그들이 삶을 계속 이어갈 힘을 얻는 데 결정적인 차이를 만들 수 있다. 그뿐 아니라 우리에게도 크나큰 기쁨을 가져다준다.

섬김이 일방통행 도로일 필요는 없다. 사람들 대부분은 무언가를 보답할 수 있기를 바란다. 그들은 아마 정기적인 봉사 순번에 참여할 수도 없고, 해야 할 일 목록이 하나 더 늘어나는 부담을 원하지 않을 수도 있다. 하지만 자신이 할 수 있는 일을 감당할 기회를 갖는 것은 그들에게도 좋은 일이다. 그들에게 기도, 요리, 청소, 다른 사람에게 격려의 카드 쓰기, 어린이 활동을 위해 공예품 자르기, 또는 그들의 재능과 능력이 허용하는 것이 무엇이든 기회를 주는 것은 대단한 일이다. 봉사를 받을 때 결코 경험할 수 없는 목적의식과 기쁨을 그들에게 줄 수 있다.

주님과 관계 맺기

모든 그리스도인의 삶에서 가장 중요한 관계는 하나님과의 관계이다. 하나님은 모든 만물의 창조자이시며, 통치자이시고 공급자이시다. 하나님이야말로 우리를 가장 사랑하시고, 최고로 이끄시며 실제적이고 지속적인 소망을 공급하신다. 그리고 이는 정신적 질병과 씨름하는 신자에게도 마찬가지이다.

고통을 겪는 사람 가운데는 하나님에 대해 중대한 질문을 가진 사람이 있을 것이다. 다음은 사람들을 힘들게 하는 대표적인 질문이다. 우리는 그들에게 어떻게 대답해야 할지 분별력을 가져야 한다.

- 그분은 왜 이런 고통을 허락하시는가?
- 그분은 정말로 선하신가?

- 이 생에서 치료의 희망은 있는가?
- 왜 이 고통을 제거해 주시지 않는가?

어떤 사람은 하나님께 달려가려 할 것이다. 그들은 천국을 너무나 매혹적인 장소로 여기며 직접적인 자살 시도나 무모한 방식의 삶을 통해서라도 신속하게 거기에 도착하기를 바란다. 어떤 사람은 깊은 신앙을 가지고, 가장 힘든 때에도 절대적인 확신으로 하나님을 신뢰하려 할 것이다. 몇몇 사람들은 망상으로 고통받을 것이다. 예를 들어 자신이 하나님이라거나 하나님의 천사 가운데 한 명이라는 강한 확신으로, 다른 그 누구도 능히 알기를 바랄 수 없는 새로운 계시를 받았다고 믿는다. 모든 사람은 각기 다르며, 우리 앞에 있는 그 사람이 신앙을 어떻게 경험하고 있는지 알아가는 일은 매우 중요하다. 그렇지 않으면 우리는 그들과 하나님의 관계에 대해 전혀 동떨어진 억측을 할 수도 있다.

하지만 삶이 고달픈 모든 사람을 위해 교회가 해야 할 역할 중 하나는 그들이 (그리고 그들을 도우려 하는 이들이) 고통 가운데서도 주님께 향하도록 격려하는 것이다. 다시 말해, 성경이 제시하는 모든 다양한 방식으로 하나님과 관계를 맺도록 격려하는 것이다. 거기에는 다음과 같은 방식이 포함된다.

찬양. 우리는 그들에게 하나님께 무엇에 대해 감사하고 싶은지 물어볼 수 있다. 어떤 사람은 감사의 일기를 쓰고 싶어 한다. 어떤 사람은 매일 종이에 감사 제목 한 가지를 기록해 화분에 붙이려 할 것이다. 또는 주일 점심 식사 시간에, 테이블 별로 돌아가며 그 주간에 경험한 감사한 한 가지를 나누며 하나님께 감사하면 좋은 훈련이 될 수 있다. 좋아하는 찬송 목록을 만들면 뜨거운 찬양 시간을 가질 수 있다. 사람들이 눈을 들어 하나님의 인자하심을 기억하도록 도울 쉬운 방법을 찾아 보라.

애통. 인생은 험하다. 그리고 과거와 현재에 우리를 울게 하는 것들이 있다. 그들에게 시편을 읽거나 자신의 애가를 써서 하나님께 그들의 마음을 쏟아내도록 격려하라. 인생이 참 끔찍한 것 같다고 하나님께 말씀드려도 괜찮다. 마치 삶이 아무렇지 않은 양 가장할 필요가 없다. 가능하다면, "그래도 저는 주님을 신뢰하겠습니다."라고 하나님께 고백할 수 있다면 참 좋은 마무리가 될 것이다.

자신을 위한 기도. 우리는 그들에게 기도의 풍성함을 탐색하도록 격려할 수 있다. 어떤 사람은 자신을 위해 기도하는 것이 어려울 수 있다. 어떤 사람은 치유에 초점을 두고 기도할 것이다. 이것이 잘못된 기도는 아니다. 그러나 그보다 더 많은 것들이 있다. 몇 가지만 언급하자면, 우리는 함께 인내를 위해, 그리스도를 닮기 위해, 소망을 위해, 믿음과 사랑을 위해 기도할 수 있다.

다른 사람을 위한 기도. 개인적 고통은 감정을 압도할 수 있다. 하지만 그들을 도와 다른 이를 위해 기도하도록 돕는다면 놀라운 경험이 될 것이다. 그렇게 오래 하거나 구체적으로 하지 않아도 된다. 메

모지에 미리 적어둔 내용을 가지고 기도하는 것으로 족하다. 믿음 때문에 핍박받는 사람들, 혹은 외출이 어려운 이웃에게 복 주시기를 하나님께 구하는 것은 다른 사람을 섬기는 놀라운 방법이다.

성경 읽기. 하나님의 말씀에 함께 귀를 기울이는 것은 얼마나 아름다운가! 어떤 사람은 암담한 날에도 성경 공부 모임이나 일대일 공부를 포기하지 않는다. 그러나 어떤 사람은 공식적인 모임이 진행되는 동안 집중하기를 힘들어할 수 있다. 누군가를 심방하면서 성경 두세 구절을 찾아 큰 소리로 읽고 그 구절이 하나님과 우리 자신에 대해 무엇을 말하는지 물어보는 것만으로도 삶이 힘든 사람에게는 충분할 수 있다.

연합 예배. 주일 예배는 중요하다. 하지만 모든 사람이 예배에 잘 참여할 수 있는 것은 아니다. 우리는 사람들을 잠시 환영했다가 떠나보낸다. 우리는 뒤에 앉아 경청해도 괜찮고 일어설 필요가 없다고도 말할 수 있다. 다른 교인에게도 뒤에서 걷기 원하면 기꺼이 그렇게 해도 좋다고 허락한다. 그것은 큰 문제가 아니다. "여러 어려운 상황 속에서도 이 자리에 함께 해 주셔서 참 감사합니다."라는 태도를 갖는다면 상처 입은 마음에 말로 다 할 수 없는 깊은 위로와 환영의 메시지가 될 것이다.

우리가 이런 전략을 실천할 때 사람들은 하나님께 돌아올 자신감을 키우게 될 것이다. 그것은 언제나 누군가가 인내할 수 있도록 돕는 좋은 뼈대이다.

● **성찰을 위한 질문** ●

1. 당신의 일상생활의 리듬과 습관을 생각해 보라. 다른 사람을 초청하여 격려하고 나눔의 시간을 가질 수 있는 규칙적인 활동은 무엇이 있는가?
2. 어려움을 겪는 사람과의 경계선이 약간 높은 편인가 아니면 약간 낮은 편인가?
3. 바로 지금, 어려움을 겪는 어떤 사람을 생각해 보라. 애통의 과정에 어떻게 그들과 동행할 수 있는가?

8.
정체성을 기억하도록 도우라

　정신적 질병을 겪는 경우 자신의 정체성이 자주 왜곡된다. 자신이 정말 누구인지 잊게 된다. 어려움을 겪는 사람은 자신에게 무슨 일이 일어났는지("나는 학대받은 사람이야."), 사람들이 무슨 말을 했는지("아무도 너를 사랑하지 않아."), 혹은 자신에게 내려진 진단에 비추어("나는 중독자야.") 자신을 바라볼 수 있다. 자신을 하나님의 귀중하고 사랑받는 자녀로 보는 대신, 그들의 자아상은 추한 무언가로 왜곡된다. 종종 그들은 스스로 보는 자신의 모습을 싫어한다.

　이와 비슷하게, 하나님의 정체성 역시 왜곡될 수 있다. 우리는 하나님이 진정 어떤 분이신지 잊어 버린다. 사람들은 신실한 신학을 배웠을 수 있다. 성경이 말하는 것을 분명하게 말할 수 있다. 하지만 실제 삶에서 작동하는 신학은 자신의 경험에 의해 모양을 갖출 수 있다. 이는 당연히 그들로 하나님을 은혜롭고 자비로운 분으로 보기보다는, 멀리 계시고 돌보시지 않으며 통제하시거나 벌주시는 분으로 더욱 생각하게 한다.

마음의 어려움을 겪는 사람을 목회적으로 돌보는 일에는 그들이 하나님의 진정한 모습 그대로 보게 하는 것과 하나님이 그들을 보시듯 자신을 보게 하는 것도 포함된다.

하나님이 어떤 분이신지 기억하기

어려움을 겪는 모든 사람에게는 각기 다른 이야기가 있다. 하지만 많은 이들은 하나님이 성경이 말씀하시는 것처럼 참으로 선하시다는 사실을 믿기가 정말 힘들다고 생각할 것이다.

예를 들어, 젊은 청년인 제이미(Jamie)는 폭력적인 아버지 밑에서 자살 유혹과 매일 싸워야 했다. 그는 반복적으로 폭행을 당하면서, 아버지에게 그가 차라리 태어나지 않았어야 한다는 말을 반복적으로 들있고, 끼니도 제대로 챙기지 못한 채 자주 방치되었다. '아버지다움'에 대한 그의 개념은 두려움과 극도의 혐오감 외에는 아무것도 떠오르지 않았다. 예수님을 통해 그가 하나님을 하늘에 계신 아버지로 알 수 있다는 말을 들었을 때, 적어도 처음에는, 어떤 위로도 받지 못했다. 도대체 그가 왜 더 많은 힘을 가진 아버지를 원할 것인가? 제이미의 귀에는 하늘 아버지에게 돌아가는 것이 아무런 호소력이 없었다.

매일 과도한 불안에 시달리는 노년 여성 마리나(Marina)를 생각해 보자. 인생은 그녀에게 무자비하게 느껴진다. 많은 그리스도인이 하나님의 말씀에서 큰 위로와 힘을 얻는다는 것을 그녀도 잘 알고 있다. 하지만 자기 십자가를 지고 그리스도를 따르라는 부르심을 읽을 때, 혹은 지역 교회를 섬기는 일에 자신의 은사를 사용하라는 책임을 깨달았을 때 그것은 자신이 감당하기에 너무 벅차게 느껴진다. 하나님은 사랑이 많은 구주가 아니라 자신이 드릴 수 없는 것을 지속적으로 요구하시는 엄한 감독처럼 느껴진다.

혹시 닐(Neil)은 어떤가? 그는 중년 남성으로 여러 해 환청을 들었다. 그는 자주 하나님이 자신에게 말씀하신다고 확신했다. 하지만 그가 듣는 말씀은 성경에 기록된 말씀과 조화를 이루지 못했다. 그는 그리스도인은 성경의 권위를 믿는다는 사실을 알고 있다. 하지만 그의 마음에 들리는 메시지는 성경의 어떤 말보다 혹은 강단에서 들리는 목소리보다 훨씬 더 컸다. 하나님은 통제하시는 분이 아님을, 그리고 닐의 머릿속에서 매일 '들리는 대로', 위압적인 조종자가 아님을 믿기 힘들다.

이처럼 하나님에 대한 왜곡된 관점은 이들의 인생에 파괴적인 영향을 미칠 수 있다. 하나님을 위협하시는 분으로 보게 되면 기도로 주님께 향하는 것이 불가능하게 느껴진다. 하나님을 공사장 감독처럼 보게 되면, 그 결과는 대개 하나님(그리고 그의 백성)으로부터 멀어지거나, 혹은 그분을 만족시키기 위해 그냥 참고 견뎌야 한다고 여기는 금욕주의로 이어진다. 이럴 경우, 두려움이나 죄책감을 동기로 행동하기 쉽다. 참된 신앙은, 너무나 자유로 충만하여, 가혹한 종교에 의해 왜곡되거나 대체된다.

용서받고 안전하며 자유로운

불안정한 정서로 고통받는 이들 노와 하나님의 위대하심과 선하심을 보게 하는 것이 얼마나 중요한가! 그들이 용서받고 안전하며 자유롭다는 사실을 알게 하는 일은 얼마나 놀라운가?

성경을 열었을 때, 그림 같은 은유나 서사적 이야기로 직진하는 것이 가끔은 최고의 경험이다. 명제(진리의 진술)는 사람들의 선입견과 자리다툼을 한다. "하나님은 사랑이시라"는 말씀은 인간의 마음에 단순한 반응을 이끌어 낸다. "하나님은 나를 사랑하지 않아."그리고 사람들은 그 진리를 지나친다. 성경이 진리라는 인식은 있겠지만, 그 진리가 사람들의 마음에 자리 잡지 못하고, 그 결과 버티지 못한다.

그런데 이야기와 이미지는 다른 방식으로 말한다. 상상력을 사로잡고, 마음의 정서를 두드린다. 하루하루 사랑이 어떤 모양인지 구체적인 실례를 제공하고 그 이야기와 이미지를 기억에 깊이 새기며, 지속적인 성찰을 할 수 있도록 연료를 제공한다.

성경에는 수백 개의 이야기가 있다. 요셉 이야기는 이 땅의 삶이 끔찍할 수 있겠지만 하나님은 고통보다 더 깊은 곳에서 흐르는 선한 목적을 가지셨음을 이해하게 한다. 모압에서 이스라엘로 간 룻의 여정은 불확실한 미래와 산산이 찢어진 가족의 삶 가운데서도 어떻게 하나님을 신뢰할 수 있는지를 많이 보여 준다. 이스라엘 백성의 광야 생활은 하나님이 그분의 백성을 한 번에 하루씩 먹이신다는 것의 의미를 분명하게 보여 준다. 예레미야 애가와 여러 시편은 황폐한 시기에 응답해야 할 말씀들을 준다.

요한복음 4장에서 우물가의 여인과 예수님의 대화는 하나님이 사회 가장자리에 있는 사람에게 내미시는 긍휼의 손길을 우리에게 떠올려 준다. 예수님을 부인했던 베드로의 회복은 예수님이 우리의 바람과 거리가 먼 행동을 한 사람을 얼마나 뜨겁게 다시 환영하시는지 보여 준다.

수없이 많은 은유적 표현도 있다. 삶에 두려움이 몰려올 때 하나님이 우리 피난처가 되신다는 의미를, 삶이 혼란스러울 때 하나님이 우리 왕이 되신다는 의미를, 삶에 지칠 때 하나님이 우리 목자가 되신다는 의미를 깊이 묵상하면 성장을 위한 비옥한 땅이 일구어진다. 은유적 표현 하나를 골라 그 의미를 여러 날 깊이 탐색하면 하나님의 선하심, 안전하심과 자비로우심을 누군가의 마음에 정말 깊이 새겨 줄 수 있다. 물론 은유적 표현이 맞지 않는 몇몇 사람도 있을 수 있다. 어려움 한가운데 있는 사람은 추상적인 개념을 이해하기 어렵다. 하지만 많은 사람은 하나님이 어떤 분이신지 보여 주는 그림의 풍부함을 소중히 여길 것이다.

성경을 쉽게 펼쳐 보는 태도가 유익할 수 있다. 한 시간 길이의 성경 공부는 여기에 적합하지 않을 것 같다. 핵심 구절을 묵상하고, 긴 이야기를 은혜롭게 해설하며, 성경 구절을 시각적으로 다시 이야기해 주는 서적을 가끔 사용하는 것도 모두 적절한 때가 있다. 지금은 이해하기 쉬운 질문만 제한적으로 하는 것이 지혜롭다.

가정에서 학대받은 사람은 아버지라는 개념에 어떻게 반응해야 할지 몰라 어려움을 겪을 수 있다. 그러므로 삼위일체 하나님 모두를 이야기하는 편이 유익할 것이다. 구원자 혹은 보혜사께 반응하는 것은 더 쉬울 것이다.

대화의 초기 단계에서 우리는 사람들이 견디기 힘들어하는 장소로 그들을 끌고 가기보다, 그들이 현재 있는 곳에서 만난다. 그러나 조금씩 하나님의 참된 성품이 그들에게 나타날 것이다. 마침내 그들은 하나님이 선하시고, 우리를 품으시며, 사랑하시고, 안전하시고, 은혜로우시며, 자비로우시고 더욱 풍성하시다는 사실을 보게 될 것이다.

트라우마와 성경

성경을 오용하여 가르치는 성경 공부는 (적어도 일부는) 어떤 사람이 정신건강 문제를 겪는 원인이 될 수 있다. 사람들 가운데는 추하게 왜곡된 성경 해석에 지배당하고, 거짓된 성경적 근거에 이용되어 온갖 종류의 고통으로 내몰린 이들도 있다. 하나님의 말씀 때문에 신체적으로 학대당한 사람도 있다. 끔찍한 범죄를 덮으라거나 '용서'를 이유로 심각하게 위험한 관계를 계속하라는 가르침을 받은 사람도 있다. 또 어떤 이들은 그들의 타락에 대해 말하는 구절을 암송하면서 하나님의 형상으로서 가치를 무시하기도 한다. 이런 일은 하나님의 말씀을 곡해하는 것이며, 사람들을 심각하게 트라우마에 빠지게 할 수 있다.

성경이 이런 식으로 무기가 될 때, 누군가와 성경을 펴는 일은 그들에게 조금도 안전하지 않다는 느낌을 준다. 우리는 서둘러 "이 사람은 하나님의 말씀에 대한 좋은 경험이 필요할 뿐이야."라고 생각하려는 유혹을 받는다. 하지만 그들이 준비되기 전에 하나님의 말씀을 여는 것은 유익하기보다 훨씬 더 큰 해를 끼칠 수 있다.

이런 상황을 만났을 때 취해야 할 최고의 행동 요령은 다음과 같다. (1) 조용히 기도하라. (2) 트라우마 전문가와 상의하라. 그리고 그 사람을 격려하여 숨겨진 트라우마를 이야기할 수 있도록 필요한 도움을 얻게 하라. (3) 그리고 그 사람에게 교회가 어떻게 가장 효과적으로 도와줄 수 있는지 물어보라. 어떤 사람은 하나님의 말씀에 관해 가볍게 대화하기를 원할 것이다(여기서 강조점은 무엇을 믿어야 하는지 가르치기보다 그것에 대해 이야기하는 것이다.). 어떤 사람은 그저 현재로서는 사랑이 많은 공동체를 경험하기를 원한다. 그것도 괜찮다. 성경이 위험하게 느껴질 때, 그들에게 안전함을 느낄 시간을 주는 것은(그들이 필요한 시간만큼) 중요하다.

변화를 위한 토대 쌓기

정신건강 문제를 겪는 사람과 성경공부를 시작할 때, 대다수의 경우와는 다른 지점에서 해야 할 수도 있다. 긍정적이고 배움에 열심이 있는 개인은 아마도 성경의 어떤 부분이든 기꺼이 공부하려 할 것이다. 그러나 낙담한 사람은 성경을 여는 과정조차 힘들다고 여길 수 있다. 다음을 차례로 탐색하면 그들과의 성경 공부를 준비하는 데 유용한 구조를 발견할 수 있다.

그들은 하나님을 어떻게 생각하는가? 하나님이 멀리 계시며, 변덕스럽고, 무능하고, 사랑이 없고, 위협적이고, 인간의 고통을 마음껏 기뻐하는 공사장 감독, 친절한 산타클로스, 정의나 다른 무엇을 요구하는 타협 없는 재판관인가? 누군가가 무슨 생각을 하는지 가능한 한 그림의 전모를 파악할 시간을 갖는 것이 중요하다. 그래야 어디가 당신의 출발점인지 알게 된다.

하나님에 대한 이런 관점이 어떻게 발전했는가? 그들은 하나님을 그들 삶에서의 중요한 분으로 바라보고 있는가? 그들은 하나님의 성품의 일부분(자신의 가정에 일치하는 부분)에만 초점을 두고 있는가? 그들이 어떤 목소리나 외부의 정보 출처에 귀를 기울이고 있는가?

그들은 자신이 이 관점을 위한 증거를 얼마나 가지고 있다고 생각하는가? 하늘 아버지의 선하심을 일시적으로 보지 못하는 침체된 사람과, 35년 동안 육신의 아버지에게서 끊임없는 고통을 겪으며 아버지라는 개념 자체를 사랑이나 안전과 연결할 수 없는 사람 사이에는 엄청난 차이가 있다. 가끔 사람들에게는 혼란을 겪을 만한 적절한 이유가 있다. 그 이유가 지닌 힘을 인정하는 것이 중요하다.

어떻게 하면 그들이 안전하게 자신의 관점을 변화시키기를 고려할 것인가? 이미 가지고 있던 하나님에 대한 생각들을 버릴 때 정서적으로 큰 대가가 따를 수 있다. 이를 보다 쉽게 만들기 위해 조치가 취해지지 않는다면 그 대가는 너무 비싸 보일 수 있다.

어쩌면 육신의 아버지를 회피하는 것은 어린 시절 필수적인 생존 전략이었을 것이다. 어떤 아버지든(심지어 하늘에 계신 아버지도) 관계를 맺으라고 하는 말은 마치 생명을 위협하는 일처럼 느껴질 것이다. 또 하나님의 말씀을 읽는 것이 결국에는 당연히 격려가 되겠지만, 불안한 마음으로 힘든 본문과 씨름하는 입장에서는 말씀과 자신 사이에 극복해야 할 고통(장벽)이 있을 것이다. 이 경우 하나님의 말씀을 읽기 위해 안전한 사람(당신이 만일 직책을 가진 권위자라면 당신이 아닐 수 있다.)이 동행하며 특별히 안전한 장소(교회가 아닐 수 있다.)를 선택하는 일이 필요할 수 있다.

변화가 시작되기 전 어떤 기초가 세워져야 하는가? 하나님의 말씀을 보는 것이 안전하다고 느낄 때에도, 하나님에 대한 그들의 오해를 직접 언급하는 본문으로 직행하는 것은 지혜롭지 않을 수 있다. 가끔은 미리 수행해야 할 작업이 있다.

제이미는 하나님 아버지의 사랑에 대한 이야기를 듣기 전에 학대를 싫어하시는 하나님에 관한 말씀을 (소선지서에서) 보아야 할 것이다. 마리나는 우울감에 압도된 성경 인물(엘리야와 같은)의 이야기를 집중해서 읽을 것이다. 그녀는 자신의 경험이 혼자만의 것이 아니며, 하나님의 말씀을 묵상하는 데도 방해가 되지 않는다는 사실을 알게 된다. 닐은 자신이 그렇게도 소중히 여기는 '새로운 계시'를 재검토하기 전에 한결같은 하나님에 대한 큰 그림을 생각해 본다면 도움이 될 것이다.

주택 확장 공사를 하기 전에 기초를 평탄하게 하는 데 많은 시간이 소요된다. 목회적 돌봄도 마찬가지다. 우리는 사람들을 도와 하나님에 대한 인식을 변화시키는 힘든 일을 하기 전에, 기초적인 이해가 제자리를 잡도록 도와주어야 한다.

변화에 대한 현실적인 기대가 있는가? 어떤 사람은 성경 말씀을 이해하는 좋은 능력을 가졌다. 어떤 사람은 그런 능력이 적다. 우리는 언제나 하나님이 우리가 구하거나 상상하는 그 이상을 무한히 하실 수 있다고 인식하기 원하지만(엡 3:20) 오랫동안 망상 장애를 겪는 사람이 진리를 쉽게 이해할 수 있을지는 결코 확실하지 않다. 모든 사람이 그렇듯 그들도 약간은 변할 것이다. 하지만 새 창조의 이편에서는 크게 변할 가능성이 적다. 한 입 크기의 변화를 목표로 삼는 편이 지혜롭다. 아마 우리는 늘이 어떤 새로운 계시가 있을 때마다 (그가 항상 옳을 수는 없다는 사실을 인정하면서) 장로와 대화를 나누는 자리까지 나아가도록 격려할 수 있다.

이런 일이 제대로 정리될 때, 그들은 진리의 말씀을 훨씬 잘 듣게 된다. 하나님을 어떻게 보느냐 하는 문제가 생겼을 때 그들은 자신의 경험이(비록 깊은 상처를 받았지만) 결정적인 기준은 아니라는 생각을 훨씬 많이 수용할 것이다. 하나님의 말씀이 더욱 선명하게 들리고 점진적으로 믿어질 것이다. 이는 하룻밤 사이에 일어나지 않는다. 성장이란 거의 언제나 느리게 발생한다. 그러나 조금씩 그들은 하나님이 선하시다는 사실을 알게 될 것이다.

'우리'가 누구인지 기억함

복음주의 진영 안에서 우리는 종종 자아상과 불편한 관계를 맺는다. 어떤 사람은 자기 존중감 문화에 녹아들어 모든 사람이 자신에 대해 긍정적으로 생각하도록 부추긴다. 어떤 사람은 전적 타락 교리에 굳게 사로잡혀서, 우리가 전혀 사랑스럽지 않은 존재라고 자신만만하게 주장한다. 인간이 하나님을 반역했으나, 그리스도 안에서 우리는 아낌없는 은혜를 받았고, 사랑받고 존귀하게 되고 청결하게 되었다는, 긴장 관계에 있는 성경의 진리 두 가지를 붙들기란 힘든 일일 수도 있다.

정신건강 문제로 힘들어하는 이들은 종종 특별히 낮은 자아상을 갖고 있다. 과거 그들에 대해 들린 말들, 그토록 자주 그들이 취급당했던 방식, 그리고 그들의 마음을 가로지르는 부정적인 정서가 자주 그들을 밀쳐버린다. 그 결과 자신을 쓸모없고, 우스꽝스러운 벌레처럼 여기며 결코 사랑을 받을 수도 없고 목적의식이나 소망이 전혀 없다고 생각한다.

하지만, 대중 심리학은 사람들로 자신이 누구인가에 대해 자랑스러워하고, 그들을 인정하지 않는 사람은 누구든 잘라내고, 죄와 잘못에 대한 어떤 이야기도 피하도록 부추긴다. 종종 반대편에서 가장 큰 목소리를 내는 메시지가 있는데 사람은 병들었고, 오직 수용만 해야 하며, 결코 도전은 무리인 피해자라는 말이다.

이 두 가지 극단은 모두 위험다.

한편으로, 자신에 대한 인식이 너무 낮아서 하나님의 형상으로 지음 받은 신비를 부인하며 산다면 이는 평생 자기 혐오에 갇히는 길이다. 자신을 너무 하찮게 여겨 그들이 살아계신 하나님의 아름답고 존귀한 자녀라는 사실을 잊는다면 "기이하게 지음을 받았나"는 시편 저자의 주장(시 139:14)과 끔찍한 대립을 하는 것이다. 하지만 다른 한편, 우리는 긍정적인 경험만을 할 거라고 기대하는 것은 비그리스도인을 구원으로부터 소외시키고, 그리스도인을 성경이 제시하는 점진적인 성화의 방편으로부터 소외시키는 것이다. 믿는 사람으로서 우리는 좀 더 나은 것을 제공해야 한다.

목회적 돌봄에서 우리의 목표는 사람들의 시선을 세상에 대한 장미빛 거울과, 과거 및 현재에 대한 해석에서 비롯된 잿빛 거울로부터 돌리는 것이다. 그 대신 하나님이 보시기에 그들이 얼마나 보배로운지, 그렇지만 우리 모두에게 변화가 얼마나 절박하게 필요한지 보여 주는 말씀의 거울로 시선을 돌려야 한다.

에베소서 1장은 바로 이를 볼 수 있는 훌륭한 본문이다. 우리 자신을 예수님의 제자로서 하나님이 말씀하시는 사람으로 보게 하는 핵심 구절이다. 거기서 우리는 우리가 선택받고, 부름 받고, 아낌없는 은혜를 받고, 용서받고, 입양되고, 성령님이 거주하시며, 복을 받고 비교할 수 없는 상속을 기대하는 자녀인 것을 알게 된다. 거기서 우리는 하나님에 대한 우리의 깊은 필요와(우리는 이 모습 그대로 괜찮지 않기 때문에) 하나님의 깊은 자비를 본다.

하나님의 역사는 진정으로 우리를 새로운 어떤 사람으로 변형시킨다. 우리는 사랑받는 사람들이다. 우리는 정결하다. 그리스도 안에 있으면 우리는 안전하다.

에베소서 1장을 단숨에 이해하기란 어려울 것이다. 우리는 사람들이 거듭 반복해서 그 말씀으로 돌아가도록 도와야 한다. 핵심 단어를 인포그래픽(정보를 시각적으로 표현하여 다양한 미디어에 사용되는 그래픽-역주)에 기입하고, 여기저기 있는 알쏭달쏭한 구절을 암송하고, 반복해서 본문으로 돌아와서, 혹은 "당신이 선택받았다는 것을 안다면 오늘 어떤 변화를 기대할 수 있는가?"라고 질문한다면 모두가 유익을 얻을 것이다. 바울의 가르침을 성경 이야기로 뒷받침하는 것은 또한 깊이를 더해 줄 수 있다.

"아마도 하나님은 사람들 대부분을 용서하시지만 나는 용서하지 않으셨어요."라는 일반적인 생각은 다윗이 일생에 겪은 공포와 시편 51편에서의 응답을 살펴보면 도움이 될 수 있다. 다윗에게 아낌없이 부어진 용서가 다른 사람에게도 동일하게 아낌없이 부어진다고 깨닫도록 도울 수 있다.

변화는 불가피하게 더디다. 그러나 사람들은 점진적으로 자신의 진정한 모습을 보게 된다. 하나님과 자신에 대한 진실을 이해한다고 해서 정신적 질병을 지울 수는 없지만, 이는 그 속에서 소망의 등불이 될 것이다.

잔혹한 신 앞에서 질병으로 분투하는 것은 끔찍한 일이다. 그러나 선하신 하나님의 사랑의 품에서 질병으로 분투하는 것은 전혀 다른 경험이다. 세상이 내가 없다면 더 나을 거라는 느낌을 안고 질병과 싸우는 일은 공포스럽다. 하지만 질병이 자신의 정체성을 규정하지 않는다는 것, 가장 연약한 순간에도 여전히 열렬히 사랑받고 있다는 것을 알며 질병과 싸우는 것이야말로 위대한 위로와 소망의 처소가 된다.

● **성찰을 위한 질문** ●

1. 하나님을 근본적으로 선하시고 은혜로우시고 자비로우신 분으로 보는 데 어려움을 겪은 적이 있는가? 무엇이 하나님을 더욱 분명하게 보도록 도움을 주었는가?

2. 당신이 놀랍게 지음 받고 사랑받는 존재이지만 타락하여 죄가 가득하다는 두 가지의 진리를 어떻게 통합할 수 있는가? 그것을 이해하기 어려워하는 사람에게 어떻게 설명해 줄 수 있겠는가?

3. 성경을 펼 때 당신의 방법은 얼마나 유연성이 있는가? 이 부분에서 어떻게 성장할 수 있는가?

4. 정신건강에 어려움을 겪는 누군가를 생각해 보라. 하나님이 얼마나 선하신 분인지 기억하도록 성경 어느 곳을 찾아 도움을 줄 수 있겠는가?

9.
계속 정진하도록 도우라

우리는 정신건강 문제를 겪는 이들의 변화를 기대해야만 하는가? 이는 논의의 여지가 있는 질문이다. 정신 질환은 육체적 질병과 같기 때문에 부러진 다리로 걷기를 기대하지 않듯 이들에게 변화를 기대하지 말아야 한다는 주장을 들어보았을 것이다. (이런 생각을 가진 사람은 어떤 육체적 질병은 생활 습관과 마음가짐의 변화가 회복에 크게 중요할 수 있다는 사실을 쉽게 잊는다.)

또는 변화란 모든 그리스도인에게 기대되는 과정이라는 주장을 들어보았을 것이다. 하나님은 세상 가운데서 일하신다. 그리고 가장 극단적인 상태가 아니라면 모든 사람은 어느 정도 능력이 있어서 약간의 변화를 기대할 수 있다. 어떤 사람은 이 세상에서의 완전하고 최종적인 치료를 약속한다. 하나님이 원하시고 또 하실 수 있으므로 그분의 기적적인 만지심이 나타날 것을 그들은 확신한다. 이 중 어디에서 진실이 발견될지 이를 해결하기란 골치 아픈 일일 수 있다.

차라리 아무런 변화를 기대하지 않는 편이 자유로울 것 같다. 종종 교회 공동체는 정신건강 문제를 겪는 이들이 정말 너무 빠르게 그리고 정말 완전하게 변화되기를 기대한다. 그러나 어떤 변화도 기대하지 않는다면, 그것은 차라리 변화에 대한 압박감 없이 그들이 어려움을 받아들이게 하고, '회복되어야 한다'는 무익한 기대에서 벗어나게 할 것이다. 또한 그 누구도 질병에 제대로 대처할 수 없으며, 충분히 명료하게 생각할 수 없다는 이유로 비난받을 필요가 없다고 느끼게 될 것이다. 이런 관점은 유전, 불균형한 생화학 그리고 고난에 대한 다른 신체적 반응은 무시할 수 없는 생리학적 현실이라고 인정한다. 그리고 행동이 혼란스럽고 힘든 이를 오래 참도록 교인을 격려할지언정, 줄 수 없는 것에 대해 압박하지 않게 한다.

이로써 사례가 종료된 것인가?

그런 것이 아니다. 아무런 변화도 기대하지 않는 것은 오히려 절망적일 수 있다. 새 창조가 이르기까지 하나님은 그저 안식할 수 있는 사랑의 팔 외에 아무것도 주실 수 없다고 말한다면 이는 하나님을 매우 축소하는 것이다. 성령님이 일으키시는 변화의 과정이 정신건강 문제를 겪는 사람에게는 해당하지 않는다고 넌지시 암시하는 일은 대단히 지혜롭지 못하다. 하나님은 그분의 자녀를 편애하지 않으신다. 하나님은 건강하지 못한 신자에게서 성령을 거두지 않으신다. 어느 정도 변화에 대한 소망은 언제나 있어야 한다.

그러나 변화에 대한 지나친 약속 역시 유익하지 않다. 최악의 경우 우리는 하나님이 오직 새 창조에 약속하신 것을 지금 약속하는데 (신학자들은 이를 '과도하게 실현된 종말론'이라 부른다.) 결국 실망과 좌절만 낳을 뿐이다. 차라리 아기 보폭만큼의 변화가 어떤 식일지 대화하는 편이 훨씬 낫다. 작고 바람직하며 이룰 수 있는 정도를 찾는 편이, 빠르고 유지할 수 없는 변화를 기대하는 것보다 훨씬 낫다.

작은 걸음

양극성 장애를 진단받은 젊은 여성 라이(Li)를 만나 보자. 어떤 주간에는 그녀가 침대에서 일어나는 것을 힘들어했다. 다른 주간에는 거의 잠을 못 자고 청소하느라 법석을 부리는 것부터 온라인 쇼핑에까지 요란스레 돌진한다. 교인들에게 수시로, 종종 적절하지 않은 낮이나 밤에 전화를 걸어 교회와 정치에 대해 그리고 가장 최근의 음모론에 대해 쉬지 않고 화를 내며 이야기한다. 그녀는 자신이 쓰레기라는 확신과 자신이야말로 통찰력을 가진 유일한 사람이라는 절대 확신 사이에서 흔들린다. 어떤 때는 약을 복용한다. 어떤 때는 복용하지 않는다. 인생은 그녀에게 절박할 정도로 고통스럽다. 이는 그녀 주변에 있는 사람에게도 쉬운 일이 아니다.

라이에게서 어떤 변화를 보기 원하는가? 이렇게 말하려는 유혹이 생길 것이다. "나는 그녀가 전화하기를 멈추고, 감정을 통제하고, 생각을 선명하게 하고, 이성적으로 말하고, 또 시간에 맞추어 약을 복용하기를 원한다." 한편으로 나는 라이도 역시 그것을 원한다고 생각한다. 하지만 이는 실제적인 목표가 아니다. 적어도 단기에서 중기적으로는 아니다. 1단계 목표는 라이를 돕는 일에 참여하여, 그리스도 안에서 그녀가 안전하고 사랑받으며, 그래서 자신의 마음을 하나님께 쏟아낼 수 있다는 사실을 보게 하는 정도일 가능성이 크다.

안전하게 정진하기

안전의 중요성을 낮게 평가하지 않는 것이 중요하다. 그 누구도 위협을 당한다고 느끼는 상황에서 더 나은 상태로 변화하려 하지 않을 것이다. 조급함, 불관용, 비현실적 기대 혹은 극히 단순한 해결책 등은 불가피하게 사랑받지 못한다고 느끼게 하고, 그 결과 어떤 변화의 과정에도 참여하고 싶지 않거나 참여할 수 없는 사람을 만들고 말 것이다.

사람들은 사랑받는다는 사실을 알 때, 진실하고 의미 있는 관계 안에 있음을 알 때 변한다. 환영하지도 않고, 한쪽으로 치우쳐 부담을 주는 계획보다 현실적이고, 서로 이해하며 동의한 계획이 있을 때 변한다.

이 말이 우리가 누군가에게 무제한으로 시간을 투자해야 한다는 뜻은 아니다. 경계선은 모든 관계에서 필수적이다. 이 말은 그 경계선에 대해 논의하는 것을 뜻한다. 정신건강 문제로 힘들어하는 사람은 종종 많은 사람이 자신을 밀어낸 경험을 해 왔다. 조심스럽고 신중하게 말하지 않으면 경계선은 또 다른 거절로 느껴질 것이다.

지혜롭게 정진하기

누군가와 변화의 여정을 함께 가려고 시도하기 전에, 교회라는 환경에서는 무엇을 말해야 안전할지, 더욱 공식적인 환경에서는 어떤 일을 수행해야 하는지, 혹은 전문가의 도움을 구해야 할지, 이 모두를 통틀어 생각하는 것 또한 중요하다.

트라우마는 매우 복잡한 영역이다. 평범한 목회자나 교인이 플래시백에 대해 언급하려고 트라우마 사건을 다시 이야기하도록 요청하는 일은 정말 지혜롭지 못하다. 트라우마를 재현하는 것은 그 자체가 심각한 트라우마가 된다. 기어코 그 일을 하겠다면 분명히 필수적인 훈련과 적합한 경험을 가진 사람과 함께 수행해야 한다.

특히 교회라는 환경에서 경험한 트라우마는 특별한 돌봄을 요구한다. 하나님의 말씀은 소망으로 가득하다. 그것은 아름답고 풍성하다. 그러나 성경을 무기로 휘두른 결과, 공포를 경험한 사람들이 있다. 성령의 명령에 순종한다는 구실로 큰 학대를 견딘 사람들이 있다. 그리고 문맥에 맞지도 않는 성경 구절을 분노 가운데 인용하는 바람에 입을 다물어야만 했던 사람들도 있다. 말을 듣지 않았다고 성경책으로 맞은 사람들도 있다.

물론 교회에는 하나님을 사랑하는 소중한 형제자매가 있다. 그러나 교회 안에 있는 이리들에 의해 그들이 입은 상처가 너무 깊어서, 성경이 낭독될 때마다 과거 경험이 자해나 (자신을 현실로부터 격리시키는) 해리로 이어진다. 그런 경험은 너무 추해서 언급조차 불가능하다. 그런 트라우마를 겪은 사람과 함께 성경책을 펴는 행위는 그 자체가 그들을 동요시키며 낙담하게 할 수 있다. 우리는 그들이 성경을 기쁨으로 다시 열게 될 날이 오기를 목표로 기도할 수 있다. 그러나 그런 일이 일어나기 전에 시간, 긍휼 그리고 수고를 아끼지 않는 많은 일이 필요하다. 훈련되지 않은 사람들 대부분은 건설적인 도움이 불가능하다고 생각할 것이다.

이와 유사하게, 망상이나 정신적 질병을 경험하는 사람에게는 어떤 다른 말을 언급하기 전에 어느 정도의 의학적 치료를 통한 안정이 당연히 필요하다.

동시에 교회 지도자와 교인으로서 우리는, 진정한 변화를 일으키실 수 있고 우리의 한계를 면밀하게 아시는 우리의 위대하신 하나님을 확신해야 한다. 그러나 이 말이 하나님이 위대한 변화를 일으키실 수 있으니 그분이 그 변화 과정의 중심에서 우리를 사용하실 것이라는 뜻은 아니다. 하나님은 마땅히 우리보다 훨씬 훈련된 누군가를 사용하실 수 있다. 그리고 우리의 역할이 목회적 상황에서 중심보다는 주변에 놓일 수도 있음을 깨닫는 것이야말로 지혜로운 행위이며 영적인 성숙이다.

비정상을 정상화하며 정진하기

하지만 언제나 우리가 할 수 있는 어떤 일이 있다. 하나님이 어려움을 겪는 사람을 우리 삶에 자리하게 하셨다면, 우리에게는 그들을 지지해 주어야 할 어떤 책임을 갖게 된다. 때로 정신건강 문제는 매우 혼란스러워 보이고 우리의 이해 영역을 뛰어넘는 것처럼 보인다. 그러나 우리가 이해하는 것과의 접촉점은 언제나 있을 것이다.

우울증은 슬픔 그 이상이다. 그러나 우리가 슬픔을 맛본 적이 있다면 우리는 하나님이 소망을 가져다주시는 분임을 아는 것이 얼마나 중요한지 알게 된다. 불안은 공포 그 이상이다. 그러나 우리가 두려웠던 적이 있었다면, 우리는 우리의 바위이시며 피난처이신 하나님의 보호 아래 사는 것이 어떤 의미인지, 씨름하는 것이 얼마나 중요한지 알게 된다. 중독은 욕망의 충족 그 이상이다. 하지만 우리가 스스로 유익하지 않은 무언가를 열망한다는 사실을 알았을 때, 어떤 물질이 줄 수 있는 것보다 하나님이 훨씬 더 나은 삶을 허락하신다는 사실을 기억하는 것이 얼마나 중요한지 알게 된다. 비정상을 정상화하여 우리는 우리의 친구가 무엇을 경험하는지 살짝 볼 수 있다. 그리고 하나님에 대한 어떤 그림이 그들을 도와 오래 참게 할 수 있을지 생각하기 시작할 것이다.

소망하며 정진하기

정신건강 문제를 겪는 사람은 가끔씩 절망을 느낀다. 그들은 한동안 건강이 좋지 못했을 수 있다. 효과도 없는 많은 일을 시도했을 수도 있다. 변하지 않는 것 때문에 비난이나 비판을 받았을 수도 있다. 그런 일은 가끔 그들에게 어떤 변화도 불가능하다고 믿게 한다. 그 결과 그들은 지난 수년간 그들 삶의 일부가 되어 버린 똑같은 생각, 정서, 행동에 자신이 갇혔다고 믿는다. 변화의 과정을 착수하기 전에 그 변화에 대한 비전에 시선을 돌리는 것이 필수적이다. 인생이 어떻게 나아질지 작은 기대를 갖는 것은 중요하다.

어떤 사람은 정신건강 문제로부터 거의 완벽하게 벗어날 수 있지만 많은 이가 그렇게 하지 못한다. 우리 모두는 전 인생에 걸쳐 무엇인가와 갈등을 겪을 것이고, 정신건강이 그 갈등일 수도 있다. 그러므로 완전한 자유의 비전을 제시하고 싶은 순간이 있을 때(예컨대 중독의 경우처럼), 대부분 우리는 그보다 더 섬세한 접근이 필요하다. 우리는 다음과 같이 꿈꿀 수 있다.

장기간에 걸친 완전한 치유. 새 하늘과 새 땅은 놀라운 곳이 될 것이다. 정신적 질병은 낌새도 없을 것이다. 우리는 그들에게 이런 시간이 오고 있으며, 분명 좋으리라고 일러 줄 수 있다. 여기에 약간의 주의가 필요하다. 절망의 구렁텅이에 있는 이에게 천국이 놀라운 곳이라고 말하는 것은, 자칫 부주의하게 자살 충동을 부추길 수 있다. 그런 이유로 영원에 속하지 않기로 선택하는 순간이 있을지 모른다. 그러나 누군가에게 자살 생각이나 계획이 없다고 해도[전문가들은 '자살 사고'(suicidal ideation)라 부른다] 완전함은 우리의 시간이 아닌 하나님의 서하 때에 오다는 사실을 거듭 떠올려 주는 편이 지혜롭다.

중기간에 걸친 성장. 정신건강 문제는 언제나 어려운 과제이겠지만 그렇다고 삶을 포기할 필요는 없다. 낮은 어려움 기운데서도 삶의 질이 그렇게 나쁘지 않을 수도 있다. 우리는 사람들을 도와 좋은 인간관계, 하나님과 자신에 대한 올바른 관점 그리고 깊은 목적의식을 가진 삶을 꿈꾸도록 도와줄 수 있다.

단기간에 소망으로 인내하기. 바로 오늘도 붙들어야 할 무언가, 혹은 누군가가 있을 수 있다. 그리고 그 소망이 세상에서 변화를 일으킬 수 있다.

우리가 확신할 수 있는 것은 정신건강 문제를 겪는 신자들이 하나님은 선하시다는 지시 가운데 조금씩 성장할 수 있다는 사실이다. 우리는 하나님의 귀중한 자녀이며, 혼자가 아니고, 어두운 곳에서도 빛을 볼 수 있고, 이전과 다르게 다른 사람과 관계를 맺을 수 있고, 과거의 상처가 치료될 수 있고, 공의가 있으며, 안전이 있고, 앞으로 계속 전진해야 할 이유가 있다.

변화의 과정 이해하기

건축 자재가 제자리에 준비되었다면, 사람들은 비로소 변화의 과정에 참여할 준비가 된 것이다. 그 과정은 성경이 말하듯이 우리의 옷을 갈아입는 것과 같다.

에베소서 4장 22-24절은 모든 그리스도의 제자에게 소명이 있다고 말한다.

"너희는 유혹의 욕심을 따라 썩어져 가는 구습을 따르는 옛 사람을 벗어 버리고 오직 너희의 심령이 새롭게 되어 하나님을 따라 의와 진리의 거룩함으로 지으심을 받은 새 사람을 입으라"(엡 4:22-24).

너무 단순하게 적용하면 안 되는 구절이다. 우리는 정신건강 문제를 벗어 버리고, 행복한 생각만을 하고, 완벽히 건강한 삶을 살도록 부름 받지 않았다. 우리는 이 말씀을 아무런 생각 없이 적용해서는 안 된다.

우리가 벗어 버리거나 입을 수 없는 무언가도 있다. 세상에서 가장 강한 의지를 가졌어도 부러진 팔과 같은 신체적인 부상을 벗어 버릴 수 없다. 우리가 학대를 당한 사실도 쉽게 '벗을' 수 없다. 그러나 이 말씀을 우리가 무엇을 벗고 입을 수 있는지에 적용한다면, 사람들이 조금씩 성장할 수 있는 속도로 변화를 격려할 때 적용한다면, 우리가 추구할 수 있는 많은 변화가 있다.

어려움을 겪는 모든 이는 하나님과 그분의 세계에 대한 믿음이 흔들릴 수 있다. 예를 들어, 우울한 사람은 "하나님은 나를 사랑하지 않아."라고 생각할 수 있다. 그것은 '옛사람'의 생각이다. 이 생각은 그리스도 안에 있는 새 생명과 일치하지 않는다.

우리는 사람들이 그런 생각을 했다고 죄책감을 느끼지 않기를 바란다. 그들이 그렇게 믿는 데는 이유가 있을 것이다. 하지만 우리는 어려움을 겪는 이를 조금씩 격려하여 그들이 그런 생각을 할 때마다 거기서 진리가 아닌 것을 발견하도록 도울 수 있다. 그러므로 아무런 의문 없이 생각하도록 방지하기보나 "하나님이 나를 사랑하시지 않는 듯 느껴지지만, 성경은 다르게 말하고 있어."라는 생각을 시작하도록 권해야 한다.

일정 기간 우리는 주변 사람들을 격려해 그런 생각을 '벗어 버리는' 과정에서 조금 더 앞으로 나아가도록 격려할 수 있다. "하나님은 나를 사랑하시지 않아."라는 생각을 기도로 바꾸도록 권할 수 있다. "주님, 저는 당신이 저를 사랑하시지 않는 것처럼 느껴집니다. 그러나 주님이 저를 사랑하신다는 사실을 제가 믿기 원하신다는 것도 알고 있습니다. 저를 도우셔서 제가 믿는 바가 아니라 주님이 말씀하신 것에 마음을 기울이게 해 주세요."

이렇게 함으로써 우리는 소중한 하나님의 형상을 지닌 이들을 도우면서, 그들의 생각에 관심을 기울이기보다 그들이 생각을 하나님께 기지고 가게 한다.

그 후에 우리는 사람들을 권하여 고백의 기도를 하는 데까지 가게 할 수 있다. "주님, 죄송합니다. 저는 계속해서 주님이 저를 사랑하시지 않는다고 생각하고 있습니다. 그러나 주님은 저를 사랑하신다는 말씀을 압니다. 주님이 저를 도우셔서 과거의 거짓말을 믿지 않고, 주님이 누구이신지, 무슨 말씀을 하셨는지 확신하게 하실 것을 믿고 감사드립니다." 여기서 우리는 유순한 회개를 장려하고, 사람들을 도와 하나님에 대한 자신감 있는 태도 가운데 무엇이 참인지 분명하게 말하도록 돕는다.

이런 과정을 서둘러 한 주 안에 진행하려는 유혹이 들겠지만, **그렇게 되지 않을 것이다.** 이 과정은 당연히 수개월, 심지어 수년이 걸릴 수 있다. 하지만 조금씩 조금씩 우리의 수많은 기도와 격려로 옛 사람은 약해지기 시작할 것이다.

그와 더불어 하나님의 말씀을 읽고 묵상하는 일은 우리 친구의 마음이 새로워지도록 돕는다. 우리는 하나님이 그들을 사랑하신다는 말씀을 찾아볼 수 있다(요 3:16 혹은 요일 3:16). 우리는 하나님의 사랑을 보여 주는 이야기를 읽을 수도 있다. 베드로 이야기(비록 그는 예수님을 부인했지만), 엘리야 이야기(비록 그는 절망에 빠졌으나), 혹은 룻 이야기(비록 그녀는 아무것도 드릴 것이 없었으나)를 들려줄 수 있다. 하나님의 측량할 수 없는 선하심과 돌보심을 노래하는 시편을 읽을 수도 있다.

또한 그들을 그리스도의 십자가로 이끌어, 그들을 구원하기 위해 기꺼이 죽으시고 부활하신 분에게 그들이 얼마나 넘치도록 사랑받고 있는지 보여 줄 수 있다(벧전 1:18-19). 혹은 우리 삶에서 보는 하나님의 사랑의 증거에 대해 간단하게 말할 수도 있다.

그리고 우리가 함께 나란히 동행하는 사람을 위해, 간단히 그러나 계속 기도할 수 있다. 그로써 그들은 하나님의 사랑이 얼마나 넓고, 깊고, 높고, 깊은지를 이해할 것이다(엡 3:18). 하나님은 우리 모두 안에서 일하신다.

그리고 때가 왔을 때, 우리는 그들에게 새 사람을 입을 가능성에 대해 이야기할 수 있다. "하나님, 제가 느끼지 못하는 날에도 저를 사랑하시니 감사합니다."라는 기도를 시작할 수 있다. 간단한 기도나 찬양의 시를 쓰며 주님에 대한 확신 가운데 자랄 수 있다. 규칙적으로 하나님의 사랑을 기억하고 그분을 찬양하기 위해 감사의 습관을 기를 수 있다(예를 들어, 매일 아침과 저녁에 하나님께 한 가지씩 감사하면서). 그리고 한 걸음씩 그 사랑의 빛 가운데 살아간다는 의미를 생각할 수 있다.

모든 인간은 서서히 변한다. 어려움을 겪는 사람은 특히 느리게 변한다. 그들은 다른 사람보다 더욱 명백하게 천천히 자신의 구원자를 따르고 있다. 그러나 거기에 소망이 있다. 그리고 누군가가 일단 변하기 시작하면, 그 변화가 얼마나 놀라운 일이 될지 모두의 예상을 뛰어넘을 것이다.

● **성찰을 위한 질문** ●

1. 최근 몇 년간 그리스도인으로서 당신이 경험한 변화와 성장으로는 무엇이 있었는가? 지금도 계속되고 있는가, 아니면 쉬고 있는가?
2. 당신은 빠른 변화를 밀어붙이는 편인가, 아니면 변화를 권장하지 않고 인도하는 편인가? 이 부분에서 어떻게 변해야 하겠는가?
3. 현재 어려움을 겪는 지인을 생각해 보자. 이번 달에 어떤 작은 한 가지를 벗으라고, 혹은 입으라고 격려할 수 있는가?

10.
실제적으로 도우라

신약 시대에 과부는 취약 계층이었다. 그들을 돌볼 남편뿐 아니라 아들도 없다면 음식 살 돈을 벌기가 어려웠다. 교회 안에도 그런 과부들을 돌보는 일에 어려움이 있었다. 때로 어떤 과부 집단은 제외되었는데, 이는 실제적인 고통을 일으켰다.

공평한 자원 분배를 보장하기 위해 하나의 체계가 마련되어야 했다(행 6장). 때로 그것은 쉽지 않았지만, 초대교회에는 공유했던 전제가 있었던 것 같다. 그들은 궁핍에 처한 다른 그리스도인의 필요를 공급했던 것이다. 이는 그야말로 그리스도께 속한 사람들이 서로에게 속했다는 진리의 표현이었다. 그들이 서로 나눈 것은 음식만이 아니었다. 거기에 덧붙여 돈과 다른 소유물을 너그럽게 분배했다. 사람들이 삶을 나누는 그리스도 중심의 공동체는 자연스럽게 서로의 실제적인 필요를 공급하는 결과로 이어졌다(행 4:34-35). 실제로 성경은, 그리스도인을 자처하며 다른 사람이 진심으로 잘되기를 바란다고 말하면서도, 정작 주변 사람의 유익을 위해 실제적인 행동을 하지 않는 것은 철저히 모순된 일이라고 전한다(약 2:16).

오늘날 우리 대부분에게 쇼핑, 빨래, 요리, 청소, 강아지 산책시키기, 청구서 지불 등은 그저 수행하는 과제일 뿐이다. 귀찮은 마음도 약간 있지만 그 일을 하지 않은 채 방치하지는 않을 것이다. 하지만 어려움을 겪는 사람에게는 너무 무거운 부담이 될 수 있다. 상대적으로 경미하게 정신건강 문제를 겪는 사람은 식사를 거를 수도 있다. 정신적 어려움이 깊은 사람은 매일의 삶에서 가장 단순한 행위를 수행하기 어려워한다. 그리고 초대교회 그리스도인과 마찬가지로, 지혜롭고 선하게 함께 힘을 모으는 것은 우리의 특권이다.

어려움을 겪는 이에게 자원을 공급함

누군가가 삶이 힘들다고 생각할 때 최고의 출발점은 어떤 도움을 받고 싶은지 그들에게 묻는 것이다. 그 질문에 대한 답을 모른다 해도, 그들은 아마 질문만으로도 감사할 것이다. (우리가 안다고 가정하기보다) 질문을 하는 겸손의 자세와 그 대답을 듣고 기꺼이 행동하려는 마음은, 그 자체만으로도 사랑의 행위이다.

질문하는 것은, 우리가 편하지만 원치 않는 방식으로 돌보는 일, 즉 상대방에게 진정 필요하지 않은 돌봄을 태만하게 제공하는 일을 막아 준다. 좋은 뜻으로 누군가의 집 앞에 가져다 둔 많은 음식이 결국 쓰레기통에 버려진다면 슬플 것이다. 음식을 가져다주는 일은 누군가가 자신을 돌보아 준다는 느낌을 줄 수 있고, 또 실제로 원할 때에는 그렇지만, 많은 경우 어려움을 겪는 사람에게 커다란 접시의 음식은 전혀 도움이 되지 않을 수 있다. 음식이 담겨 온 용기를 다시 돌려주어야 한다는 스트레스는 그 음식을 통해 얻는 유익보다 클 수 있다("그릇 빨리 안 돌려줘도 괜찮아요."라고 말해도 소용없다. 그 그릇은 여전히 집 안 어딘가에 있기 때문이다). 특히 섭식 장애에서 회복 중인 사람에게는, 자신이 직접 식사를 준비하는 책임감을 빼앗는 일이 되어 오히려 훨씬 더 큰 해가 될 수도 있다.

우리는 어떻게 도울 수 있는가?

쇼핑을 도우라. 큰 마트처럼 붐비고 소란한 장소는 어려움을 겪는 사람을 압도할 수 있다. 불안이 높은 사람에게는 마트에 들어가는 바로 그 행동이 공황 발작을 일으킬 수 있다. 어려움을 겪는 누군가가 하루 중 조용한 시간에 마트에 가도록 거들어 주는 것, 혹은 함께 앉아 온라인 장보기를 돕는 것은 그들이 스스로 쇼핑하여 자기 몸에 필요한 영양분을 공급할 용기를 내는 데 큰 도움이 될 수 있다.

요리를 도우라. 음식을 제공하는 것보다 그들과 함께 요리를 하며 몇 시간을 보내는 것이 훨씬 낫다. 다른 누군가와 함께 음식을 만드는 것이 혼자 요리하는 것보다 훨씬 즐겁다. 그리고 원하는 음식을 넉넉히 냉장고에 보관하는 편이 원하지 않는 음식을 쓰레기통에 버리는 것보다 훨씬 낫다.

재정적으로 도우라. 어려움을 겪는 사람 중에는 일할 능력이 없어 재정 상태가 매우 어려운 경우도 있다. 장볼 때 사용할 상품권이나 옷, 혹은 아동을 위한 학용품을 기꺼이 나눈다면 많은 고통을 경감시킬 수 있다. 때로는 기분 전환을 위한 상품권 하나가 놀라운 선물이 되기도 한다! 또한 많은 교회가 더욱 실제적인 필요를 감당할 수 있도록 구제 헌금을 운영할 것이다. 앞으로 수년간 난방비나 식비 등의 문제로 도움을 필요로 하는 이들이 상당할 수 있다.

청소를 도우라. 지저분한 집에 머물면 울적해지기 쉽다. 우울한 사람에게 청소는 거의 불가능한 일이다. 그래서 침체의 소용돌이가 시작되고 쓰레기가 쌓이고 절망도 깊어지는 결과를 낳을 수 있다. 우리의 자연스러운 반응은 청소업체를 불러 정리하게 하거나, 직접 가서 단숨에 치워버리는 것일 수 있다. 그들이 이후에는 스스로 깨끗하게 유지할 수 있기를 바라면서 말이다. 그러나 이런 전략은 거의 먹히지 않는다. 누군가가 일주일에 한두 시간씩 방문해서 그 사람이 정리정돈을 하도록 조금씩 돕는 편이 훨씬 낫다. 해야 할 일을 그 사람이 하도록 격려하고 힘을 북돋아 주라.

수집욕으로 고생하는 사람은 물건을 버리기가 매우 힘들다. 그냥 물건을 내버리는 일은 큰 고통을 일으킨다. 하지만 함께라면, 소중한 물건을 정돈하고 몇 가지를 기증하는 일이 자유와 기쁨을 가져다준다는 사실을 점차 깨닫게 될 것이다.

외출을 도우라. 약속은 차고 넘친다. 만일 누군가에게 정기적인 통원 혹은 상담이 필요하면, 분명히 정기적인 이동이 필요하다. 종종 힘들 때 사람들은 "도대체 문제가 뭐지?"라는 생각을 할 수 있다. 그들은 상담이나 약물 치료가 소용이 없을 거라고 생각하면서 바로 맞은편에 있는 병원에도 가기 힘들어한다. 만일 대중교통을 이용하는 거리라면, 자주 다니지도 않을 뿐더러 거기에는 사람도 많아서 외출이 더욱 힘들다. 그리고 정기적인 정신과 진료와 같은 약속 자리에 함께 있어 준다면 고맙게 여길 것이다. 이는 의료인들이 교회의 섬김을 더 잘 이해하게 할 뿐만 아니라 교회가 의료 전문가의 목표를 이해하는 데 도움을 줄 수 있다.

문서 작성을 도우라. 현대 사회에서 한 가지는 확실하다. 어느 순간에는 반드시 온라인 양식을 작성해야 할 일이 생긴다는 것이다. 이런 양식은 평상시에도 골칫거리이지만, 삶이 감당하기 힘거울 때는 넘을 수 없는 장벽처럼 느껴지기도 한다. 그럴 때 옆에 함께 있는 것만으로도, 불가능해 보이던 일이 가능해질 수 있다.

운동을 도우라. 몸을 움직이는 것은 정신건강 문제로 어려움을 겪는 사람에게 시급히 중요하다. 운동은 행복한 마음을 증신하고, 스트레스를 덜고, 몸을 건강하게 하는 화학 물질을 내보낸다. 그러나 모든 것이 암담하게 느껴질 때는 운동하기가 어렵다. 개와 산책을 나가는 것, 자전거를 즐겁게 타는 것, 조깅하는 것, 공 던지기나 축구나 테니스를 하는 것은 활동과 공동체와 소망을 제공한다.

물론 이런 일에는 시간이 소요된다. 그러나 위의 목록을 찬찬히 살펴보면 다른 사람을 돕는 것과 당신의 삶을 병행하는 방법을 찾게 될 것이다. 친구와 마트에 가면 당신도 필요한 것을 구입할 수 있다. 친구와 운동을 하면 당신에게도 좋은 일이다. 많은 음식을 요리하면 그들의 냉장고뿐 아니라 당신의 냉장고도 채울 수 있다. 실제적으로 돌보는 모든 행동이 우리의 일정표에 추가되어야 하는 것은 아니다. 그리고 꼭 추가해야 할 일이라면 여럿이 나누어 맡을 수도 있다.

안전과 책임

그렇지만 안전과 책임이 필수적이다. 연약한 이들(법적인 의미든, 혹은 단순히 삶이 너무 힘들어 누군가에게 이용당할 수 있는 상태에 있든)을 재정적으로 돕거나 그들을 방문할 사람이 어떤 경력을 가졌는지, 최근까지 경찰의 보호 감찰을 받았는지, 교회의 감독을 받는 사람은 아닌지 확인하는 편이 지혜롭다.[6] 목회적 돌봄을 비밀리에 하는 것은 언제나 지혜롭

---

6   이것을 영국에서는 DBS 체크(Disclosure and Barring Service, 폭로 및 법정 서비스)라고 부른다. 다른 나라에서는 다른 체계가 작동한다.

지 못하다. 이런 안전장치가 마련되어 있다면, 실제적인 도움을 제공하는 일을 교회 공동체 전체가 널리 감당할 수 있을 것이다.

성도 가운데는 성경 교사가 되거나 공식적인 상담자가 될 일은 없겠지만, 순한 강아지를 데리고 삶이 힘든 누군가와 함께 45분간 산책할 수 있는 사람이 있다. 또 예수님이나 자신의 감정에 대해서는 말로 잘 표현하지는 못하지만, 누군가를 약국에 데려다 주고 약을 찾아오는 일에는 기꺼이 나설 사람도 있다. 이런 이들은 어려움을 겪는 사람이 신뢰할 만한 성격을 가져야 한다. 이런 예들은 연약한 이들을 만나고 돌보는 일이 몇몇 사람의 어깨에만 지워져서는 안 된다고 알려 준다. 역할을 서로 나누어 수행하면 성도의 다양한 은사가 활기차게 사용될 수 있고, 다수의 건강한 관계가 형성될 것이다.

누가 무엇을 할지 조율하는 일은 중요하다. 가끔 이것은 사도행전 6장에서처럼 교회가 마련한 공식적인 시스템과 돌봄을 감독할 사람을 필요로 하지만, 훨씬 비공식적으로 이루어질 수도 있다. 그러나 어떤 지원이 이루어지고 있는지 교회 지도자 가운데 한 사람이 파악하고 있는 편이 언제나 지혜롭다. 교회는 또한 돌봄에 참여하는 사람이 과연 적합한지 언제나 필수적으로 점검해야 한다.

우리는 이번 장에서 실제적인 돌봄을 따로 다루었는데, 이는 앞서 읽은 장에서 다룬 그리스도 중심적인 대화와 실제적인 돌봄이 분리된 듯 보이게 할 위험이 있다. 그리고 가끔은 두 종류의 활동에 참여하는 사람들이 서로 매우 다르다. 그러나 실제적인 돌봄은 분명히 보다 영적인 돌봄과 연결될 수 있다. 우리는 그리스도께 시선을 고정하여 힘든 시기를 어떻게 인내하는지 나누는 모임을 점심 식사를 하며 가질 수 있다. 요리, 쇼핑, 운동 혹은 텔레비전 드라마에 대해 대화하면서 시간을 보내는 것도 참 좋다. 그러나 참된 기독교적 돌봄은 삶이 고달픈 사람에게 하나님이 그들을 사랑하시고 함께하신다고 일깨워 준다. 실제적 돌봄은 또한 위대한 소망의 순간이다.

돌보는 이들을 지원하기

자주 간과되는 그룹은, 자신보다 깊이 상처받은 가족을 돌보는 사람들이다. 정신건강 문제를 겪는 사람들 대부분은 공식적으로 돌보는 사람이 필요하지 않겠지만, 그들 곁에는 종종 막중한 돌봄의 책임을 짊어진 누군가가 있다. 우울한 남편이나 아내를 돌보는 배우자, 중독자 부모와 함께 사는 십 대, 자녀가 거식증에 걸려 괴로움을 겪는 부모…. 그들 각각은 폭넓은 기독교 공동체의 사랑과 관심 어린 지지가 필요하다. 다시 말해 그들에게 무엇이 필요한지 질문하는 것부터 시작하자. 대답은 다양하겠지만 이런 범주로 나누어진다.

말할 수 있는 기회. 돌보는 사람들은 심각하게 소외될 수 있다. 그 역할은 무겁고 감정적으로 벅차고, 밤낮을 모두 좌우한다. 소수의 사람이 방문해, 아픈 사람이 아닌 돌보는 사람이 어떻게 지내는지 묻는다면, 그들에게 환기가 될 수 있다.

기도할 기회. 누군가를 돌보는 사람은 교회 예배나 소그룹 참여가 어려울 수 있다. 도움이 필요한 사람을 혼자 두고 나가기가 어렵기 때문이다. 기도 모임에 온라인 참여를 허용하면 이들에게 도움이 될 것이다. 그러나 기도 삼겹줄을 준비한다면(교회가 아닌 돌보는 사람에게 편리한 시간에 기도 요청이 전화로 공유될 수 있다.) 이들이 그리스도께 시선을 고정하며 계속 섬기는 데 필요한 연료를 얻을 수 있다.

쉴 기회. 하나님의 형상으로서 깊은 괴로움을 겪는 이를 돌보는 일은 그 돌보는 사람을 신속하게 탈진시킨다. 국가 지원이나 자선 위탁 봉사에 연결하여 도움을 제공하면 유익할 것이다. 짧게는 영화 선람이나 24시간 휴식을 위한 비용을 제공한다면 그들을 미소 짓게 할 수 있다. 교회에서 두 사람을 보내 돌봄이 필요한 사람과 함께 있으면 돌보는 사람은 걱정하지 않고 머리를 깎을 수 있어서 그것이 축복이 될 수 있다.

웃고 찬양할 기회. 깊은 절망에 빠진 사람이나 이성적 사고가 어려운 사람을 돌보는 일은 큰 중압감을 준다. 그리스도를 찬양하는 노래의 링크를 보내거나 격려의 메시지를 공유하는 것(심지어 좋은 코미디 영상을 보내는 것)은 이들의 힘든 날에 미소를 머금게 할 수 있다.

다른 사람과 삶을 함께할 기회. 쇼핑, 외출, 운동, 요리와 문서 작성에 관한 단락에 있는 모든 아이디어는 여기에도 해당된다. 또 교인 가운데 돌보는 이들이 여럿 있다면, 서로에게 기도와 동료를 지원할 수 있는 그룹을 구성하라. 이 역시 훌륭한 격려가 될 수 있다.

보다 광범위한 교회에 자원 공급하기

교회가 공식적인 돌봄을 제공하든 아니든, 비공식적으로 돌보는 이들은 항상 존재한다. 교회는 본질적으로 서로를 돌보는 공동체이기 때문이다. 그리고 돌보는 이들을 잘 돌보는 것이 중요하다!

다시 말해 돌봄을 제공하는 사람들을 교회가 정기적으로 점검하고 그들이 괜찮은지 확인해야 한다는 뜻이다. 그들이 돌보는 일을 계속할 만한지 나누고, 약간의 휴식을 취함으로써 하나님을 여전히 경외하는지 확인해야 한다. 그들의 마음이 어떤지, 그들이 돌보는 사람을 여전히 사랑하는지, 아니면 차가운 책임 의식이 슬그머니 들어오는지 점검하는 일이 필요하다.

그런 점검은 기도 시간에도 이루어질 수 있다. 이런 시간은 그들의 돌봄이 성경적이고 안전하며 지혜롭게 이루어지고 있는지 조용히 점검하는 기회가 될 수 있다. 돌보는 이들이 자신의 상황 밖에 있는 사람과 함께, 예를 들어 경계선을 정하는 일과 같은 더 복잡하고 민감한 주제를 나누며 객관적이면서도 영원한 관점을 얻는 시간이 될 수 있다. 그리고 이는 그들의 섬김에 대해 감사하는 기회가 될 수 있다. 그들의 은사, 그들의 겸손, 그들의 헌신, 그들의 돌봄에 대해 우리가 얼마나 하나님께 감사하는지 말할 수 있다.

교회에는 이 일을 맡아 감당할 사람이 반드시 필요하다. 그들이 없으면, 다른 이를 돌보는 사람이 탈진하거나 자신의 돌보는 삶에 대해 불평하기 시작할 것이기 때문이다.

그 여정에서 우리는 그들이 추가적인 훈련을 받도록 안내할 수 있다. 관련 서적, 참석할 만한 강의나 컨퍼런스, 정보를 나눌 네트워크 등 각자가 자기 시간 안에서 할 수 있는 유익한 도움의 자원을 소개할 수 있다.

이는 마치 차를 정기점검하는 것과 같다. 자동차는 수년간, 혹은 수십년간 아무것도 하지 않아도 아주 행복하게 달릴 수 있다. 그런데 만일 후드 아래를 전혀 살피지 않는다면, 아마도 무언가 심각한 일이 발생할 수 있다. 실제적으로 지혜롭게 실천할 때(다른 사람을 돌보는 이들이 돌봄을 잘 받고 있는지 확인하면서) 우리는 그리스도의 몸을 가능한 한 잘 가동하도록 보살필 수 있다. 그리고 이는 함께 참여하는 모두에게 좋은 일이다.

● **성찰을 위한 질문** ●

1. 당신의 교회에서는 사람들이 어려울 때 실제적인 도움을 제공하는 시스템이 제대로 작동하고 있는가?
2. 어려움을 겪는 사람을 생각해 보라. 이번 주에 어떤 친절한 실제적 행동을 보여 줄 수 있는가?
3. 장기간 누군가를 보살피는 사람을 아는가? 그들을 어떻게 돕고 지원할 수 있는가?

11.
공통적인 질문

이번 장에서는 정신건강 문제로 힘들어하는 이들을 지혜롭게 돌보려 하는 교회가 당면한 몇몇 공통적인 문제를 생각할 것이다. 또한 가장 자주 묻는 질문에 대해서도 나눌 것이다.

개인의 비밀을 어떻게 다룰 것인가?

개인의 비밀이 어디까지인지 그 범주를 성경에서 찾기는 어렵지만, 개인의 생활을 지키고 뒷담화를 피하라고 우리에게 말하는 곳은 많다.

"패역한 자는 다툼을 일으키고 말쟁이는 친한 벗을 이간하느니라"(잠 16:28).

"내가 갈 때에 너희를 내가 원하는 것과 같이 보지 못하고 또 내가 너희에게 너희가 원하지 않는 것과 같이 보일까 두려워하며 또 다툼과 시기와 분냄과 당 짓는 것과 비방과 수군거림과 거만함과 혼란이 있을까 두려워하고"(고후 12:20).

건강 문제에 관해 개인의 비밀이 보장되기를 바라는 것은 정당하다. 이는 신체와 정신건강 모두에 대해 그렇다. 우리는 누가 우리의 건강에 대해 무엇을 아는지 통제하기를 바란다. 의료 환경에서 비밀 유지는 분명하게 절대적으로 지켜진다. 우리의 병력과 건강에 대한 세부사항에 접근할 수 있는 의사는 그것을 다른 사람, 심지어 우리와 가장 가까운 친척에게조차 (우리가 허락하지 않는다면) 공유하는 것이 허락되지 않는다. 이런 경우 그 범주는 대개 큰 문제가 아닌데, 왜냐하면 의료진과 환자 사이의 구별이 너무 분명하기 때문이다.

그러나 교회는 다르다. 교회는 복잡하기도 하고 분명하지 않은 관계망으로 엮인 공동체이다. 교회의 목회자는 한 번에 그리고 동시에 목사, 친구, 구역 인도자, 친척, 차 수리공(만일 그들이 이중직 목사로서 경제 활동을 한다면)일 수도 있다. 그리고 복합적인 공동체에서는 비밀을 위한 규직을 규정하기기 더 어렵다. 다음 예를 생각해 보자.

브래드(Brad)는 우울증 진단을 받고 병원에 입원했다. 그의 아내는 교회 전도사에게 전화를 걸어 이 소식을 전해 달라고 말하고, 교회가 기도해 줄 수 있는지 묻는다. 그런 상황에서 전도사는 어떤 조치를 취해야 하는가?

- 이 소식을 모든 교회 지도자에게 말해 기도를 요청한다.
- 이 사실을 오직 '장로들'(혹은 유급 사역자)에게만 알린다.
- 이 소식을 교회의 긴급 기도 알림판에 올린다.
- 이 사실을 공적인 기도 모임에서 언급한다.
- 이 사실을 담임 목사에게만 알린다. 그는 브래드와 오랜 인연을 가지고 있다.
- 혹은 위의 그 어떤 것도 하지 말아야 한다. 왜냐하면 이는 아내의 요청이지 브래드가 무엇을 원하는지 모르기 때문이다.

다루기 힘든 일이다. 브래드는 의견을 말할 만큼 상태가 좋지 않을 수 있다. 폐쇄 병동에 있어 그를 방문하거나 접촉하는 일이 불가능할 수 있다. 하지만 브래드가 심각한 우울증으로 '자살 방지를 위한 집중 감시' 상태에 있다고 가정해 보자. 생사의 상황에서 그를 위해 기도하는 사람이 없다면 잘못된 일 아닌가? 신체적 건강 문제로 생사를 오가는 상황에는 우리가 얼마나 다르게 반응하는지 생각할 때 이상한 느낌이 들지 않는가?

만일 브래드가 급성 췌장염으로 병원에 입원해서 중환자실에서 생사의 싸움을 한다면, 우리가 동일한 염려를 하리라고 상상하기 어렵다. 아마도 우리는 그의 아내의 요구대로 행동하기를 주저하지 않을 것이다. 우리는 교회를 동원해 기도할 것이다.

아마도 우리가 브래드의 우울증에 달리 반응하는 이유는 정신의학적 질병과 결부된 낙인 때문이다. 그렇다면 우리는 무엇을 해야 하는가? 우리가 신체적 질병을 대하는 동일한 방식으로 정신적 질병에 대해 개방적인 태도를 갖기로 결심함으로써 그 낙인에 저항할 것인가? 아니면 정신적 질병에 대한 무지와 낙인을 고려해 사생활을 더욱 존중할 것인가?

이제 문제를 더 복잡하게 만들어 보자. 한 주가 지난 후 브래드는 상태가 좋아져 그의 친구인 목사에게 문자를 했는데, 그가 자신의 병과 입원 사실을 전혀 모른다는 사실을 알게 되었다. 브래드는 소스라치게 놀랐다. 아내가 목사에게 알리지 않았는가? 이 소식이 별로 중요하지 않아서, 그 자신이 그렇게 중요하지 않아서 일주일 내내 전 목사는 목사에게 전하지도 않았는가? 브래드는 교회가 그의 사생활을 지켜준 사실에서 위로받았다는 느낌을 받지 않는다. 그는 그저 근본적으로 무시당하고 사랑받지 못한다고 느낄 뿐이다.

그러므로 우리는 무엇을 해야 하는가? 여기에 몇 가지 안내 지침이 있다.

- 가능한 모든 곳에서, **사람들이 자신의 정보를 공유하기 원하는 방식에 대해 분명하게 이야기 나누라.** 다른 사람들이 자신의 질병을 알기 원한다고(혹은 원하지 않는다고) 가정하는 대신, 우리는 물어보아야 한다. 또 분명한 선택 범위를 물어야 한다. 어떤 소식을 공식화하기 위한(긴급 기도 알림판 등에) 초안을 관련된 사람에게 보내 이 소식을 설명하는 방식에 만족하는지 확인해야 한다.
- **검증되지 않은 비밀 유지 약속을 하지 말라.** 지키기 힘들 뿐만 아니라 보호 조치와 관련해 과실을 만들 수 있다(아래를 보라.).
- 교회에 목회적 돌봄을 위한 팀이 있다면, **어떻게 정보가 팀 안에서 공유되고** 어떻게 그 절차가 교회 성도에게 소통될 것인지 **신중하게 생각**하는 것이 중요하다.

보호 조치를 어떻게 사용할 것인가?

정신건강 문제를 겪는 사람은 때때로 보호 조치가 필요한 상황에 처하기도 한다. 가장 흔한 경우는 자해나 자살과 관련된 문제이다. 보다 드물게는 정신건강 문제를 겪는 사람이 다른 사람에게 위협을 가할 수도 있다. 방송에서는 너무도 자주 정신건강 문제가 다른 사람에게 위협을 초래할 수 있다고 과장된 인상을 준다.

자해. 자신에게 가하는 상해는 여러 종류의 정신건강 문제에서 공통적인 특징이다. 불안, 우울증, 혹은 섭식 장애와 다른 성격 장애

진단을 받은 사람은 모두 자해하기 쉽다. 어떤 사람은 면도날을 사용해 자신의 팔이나 다리 표면에 상처를 내는 방식을 취한다. 이런 자해는 매우 문제가 크며, 이런 어려움을 겪는 사람은 자비롭고 사려 깊은 보살핌과 지원이 필요하다. 이는 적극적으로 자살을 생각하는 사람이 제시하는 문제와는 매우 다르다.

자살. 영국과 미국에서 자살에 성공하는 경우는 대략 45세까지 일반적으로 증가하고 그 후에 줄어든다(하지만 고령층, 특히 초고령층에서는 다시 증가세가 나타난다.). 또한 남성의 자살률은 여성보다 3-4배 더 높다. 많은 교회 공동체가 사살이라는 비극을 경험할 것이다. 교회는 자살을 생각하는 사람을 어떻게 돌볼지 경각심을 가져야 한다.

공통된 한 가지 오해는 그들에게 자살 생각이 있는지 물으면 자살 위험이 더 높아진다는 것이다. 그러나 자살을 생각하는지 묻는 일이 그의 머리에 자살에 대한 생각을 심는다는 그 어떤 증거도 없다. 반대로 자살에 관해 질문함으로써 우리는 위험에 처한 사람을 판별하고 그들에게 필요한 도움을 주도록 확인할 수 있다.

교회에서 목회적 돌봄을 제공하는 사람은 자살 사고에 대해 어떻게 물어야 하는지, 그리고 그들이 누군가의 안전에 대해 염려한다면 무엇을 해야 하는지 배워야 한다. 누군가가 어떻게 죽을지 구체적인 계획을 갖고 있다면, 이는 매우 중대한 위험 요소이다. 더 나아가 그 계획을 실행할 단계(예를 들어, 자살 방법에 대해 온라인 검색을 한다거나 약을 모으는 것)를 밟았다면 그것은 더욱 큰 문제이며, 보통 긴급히 정신건강 전문가의 개입이 요구된다. 그런 상황에서 위험에 처한 사람은 적절한 전문적 도움을 받기까지 결코 혼자 있어서는 안 된다.

다른 사람에게 가해질 위험. 다른 사람에게 가해질 위험이 염려되는 상황에서는 전문가에게 문의하여 그들의 안내를 따라야 한다. 이는 교회의 보호 정책과 책임 체계에 대해 잘 알아야 한다는 뜻이다. 가급적 실수를 피하도록 주의하는 것이 중요하다. 불필요한 걱정이 없다는 답변을 얻게 되더라도 전문가의 조언을 구하는 편이, 조언을 구하지 않아 중요한 것을 놓치는 일보다 낫다.

분명히, 목회적 돌봄이 이루어지는 모든 자리에는 보호 정책과 절차가 교회별로 마련되어 있어야 하며, 이러한 지침은 항상 신중하게 준수되어야 한다.

또 하나 유의해야 할 사항은 우리 자신의 실수와 잘못에 관한 것이다. 만약 우리가 어떤 방식으로든 부적절하게 행동했을지도 모른다는 우려가 든다면, 그 실수를 숨기고 싶은 마음을 이겨내고 전문가의 조언을 구해야 한다.

언제 타인에게 관여할지 어떻게 알 수 있을까?

정신건강 문제를 겪는 많은 사람은 도움 구하기를 주저한다, 그러므로 그들이 실제 도움을 구하기까지 많은 격려가 필요하다. 하지만 늘 그렇지만은 않다. 어떤 사람은 너무 많은 조언을 들은 탓에 그 자체로 감당하기 힘들다. 너무 많은 사람에게 문의한 탓에 어려움이 발생하기도 하고, 정반대의 의견이 나타나 혼란을 가중한다. 어떤 때는 도움을 주기 원하는 사람이 자신에게 쏟아지는 요청 때문에 압도되기도 한다.

지나치게 불안한 부모는 자신이 발견한 증상과 자신이 시도한 처방에 대해 지속적으로 의견을 구하기도 한다. 교회의 여러 사람에게서 의견을 얻고는, 또 이미 받은 의견에 대한 새로운 의견을 바라며 사람들을 찾는다. 상충하는 모든 의견 때문에 너무도 쉽게 깊은 혼란이 일어난다.

일반적으로 당사자와 함께 문제를 직접 언급하고 명확히 하면 도움이 된다. 무엇이 가능하고 무엇이 불가능한지 분명한 태도를 취하는 것이 오해를 줄인다. 하루 중에서 어떤 시간에 만날 수 있고 언제는 아닌지, 총 몇 시간을 할애할 수 있는지 의논할 수 있다. 이런 정보를 제공하면 도움이 필요한 사람은 왜 도움이 오지 않는지 혼란에 빠지지 않고, 도움을 주는 사람도 자신이 결코 충분히 줄 수 없다는 생각에 죄책감을 느끼지 않도록 보호받을 수 있다.

많은 지원이 필요할 때는 폭넓게 팀을 꾸려서 한 사람이 모든 책임을 져야 한다는 듯 느끼지 않게 하는 편이 좋다. 약속한 시간을 공유하면 도움을 주는 사람과 도움을 구하는 사람 모두에게 유익하다. 그렇게 함으로써 더욱 적절하게 그들의 요청을 관리하는 법을 가르쳐 주기 때문이다.

어떤 기록을 남겨야 할까?

기록을 어떻게 남기는 것이 모범적인지는 지역의 법률과 돌봄이 이루어지는 맥락에 따라 상당히 달라질 수 있다. 보호 조치가 필요하다는 우려가 있을 경우, 완전하고 비밀이 보장된 기록을 남기는 것이 언제나 중요하다. 기록을 남기는 일은 우리가 도움을 주려는 사람들의 이익을 위해 반드시 해야 할 한 가지이다. 중요한 정보를 기억하는 것은 최고의 돌봄과 지원을 제공하는 일인데, 곧 어떤 형태든 기록을 남기라는 말이다.

그 기록은 안전하게 보관되어야 한다. 그리고 그 기록의 당사자의 이해(용납)를 구해야 한다. 영국의 개인 정보 보호 규정(GDPR, General Data Protection Regulation)은 많은 상황에 적용되는데, 기록의 보관이나 타인과의 정보 공유에 관한 규제 모두에 있어 교회가 이러한 규정을 인지하고 준수하는 일이 중요하다.

여러 사람이 함께 지원을 제공하는 상황에서는 원활한 소통이 매우 중요하다. 그렇게 함으로써 핵심 정보의 유실을 피할 수 있고, 도움을 받는 사람에게 서로 다른 안내가 전달되는 위험을 줄일 수 있다. 서로 다른 메시지가 오가면 당사자가 혼란을 느끼기 쉽기에 반드시 이런 상황을 피해야 한다. 그러나 지원자들 사이의 소통 방식은 투명해야 하고 (다시 강조하지만) 도움을 받는 사람이 이해할 수 있고 수용할 만해야 한다.

정신건강 전문가와 어떻게 관계를 맺을 것인가?

비밀 유지 문제는 정신건강 전문가와의 교류에 어떤 형태로든 영향을 미친다. 일반적으로 매우 구체적인 동의가 허락되지 않는다면, 보통은 정신건강 전문가와 어떤 정보를 공유하는 일이 불가능할 것이다. 이는 당황스러운 일이지만 사람들의 사생활 보호를 위해 분명히 중요하다.

정신건강 문제에 대해 친구나 가족은 종종 다른 경우에서는 기대하지 않을 정보의 공유를 기대한다. 그러나 정신건강 문제를 겪는다고 해서 그들이 마치 자신을 위해 결정을 내리는 능력을 상실해서 다른 누군가가 필요하다는 듯 취급하는 것은 부적절하다.

정신건강 부문에서 우리 가운데 전문가는 거의 없다. 그러므로 우리가 모르는 내용이 많을 것이다. 그렇다고 지원에 참여하거나 돕는 일을 멈추어서는 안 된다. 그러나 우리는 전문가에게 의견과 도움을 구하기 위해 분녁을 낮추어야 한다. 위기 상황에서, 혹은 그다음 단계를 어떻게 가져가야 지혜로울지 단순히 의심이 생길 때, 우리는 주치의, 정신건강 서비스, 혹은 경찰을 만날 준비를 해야 한다.

수월한 정보 전달을 위한 가장 좋은 방법 중 하나는, 돕는 사람이 당사자와 함께 상담이나 약속 자리에 동행하는 것이다. 물론, 이는 당사자의 명확한 동의가 있을 때에만 이루어져야 하며, 그들이 이에 동의하도록 압박을 느껴서는 안 된다.

참견하면 더 해로운가?

대체로 이 질문을 하는 사람은 아마도 아무런 해를 끼치지 않을 것이다. 이런 가능성을 전혀 생각하지 않는 사람이 더 걱정스럽다. 물론, 우리의 지식과 능력의 한계를 아는 일은 중요하다. 해를 가할 수 있다는 이런 염려 뒤에는 종종 비전문가는 모든 정신적 질병에 개입하기 어렵다는 생각이 있다.

그러나 우리는 이런 생각을 몸이 건강하지 않은 사람의 경우에는 결코 적용하지 않을 것이다. 비록 최근의 항암 치료 체계에 있어서 전문성이 없더라도 우리는 물러서기보다 암 치료를 받는 사람에게 한 걸음 더 다가가려 할 것이다. 우리가 누군가 앓는 관절염의 정도를 전혀 몰라도 우리는 그들이 어떻게 지내는지, 그리고 무엇이 그들을 가장 잘 도울 수 있는지 더욱 질문할 것이다.

똑같은 원리가 정신건강에도 적용될 뿐 아니라, 적용되어야 한다. 불안증에 대한 전문가가 아니라도 두려움 때문에 혼자 교회에 가지 못하는 누군가에게 같이 가면 어떨지 물어볼 수 있다. 지원 시스템을 찾는 데 어려움을 겪는 사람에게 실제적인 도움을 주고자 정신 질환이나 그 치료법을 이해할 필요는 없다.

하지만 전문성이 없는 사람이 환자가 복용하는 약에 대한 독단적인 의견을 고집한다거나, 치료 계획에 대해 전문가의 의견을 구하지 않는다면 아마도 방해가 될 것이다. 물론 도움이 필요한 사람에게 한 걸음 다가서는 것이 기본 규칙이다. 그러나 우리는 겸손한 마음으로 그들의 어려움에 대해 질문하고, 많은 충고를 하기보다 많은 경청을 해야 한다.

만일 조금도 좋아지지 않는 것 같을 때 어떻게 해야 하는가?

일부 정신건강 문제는 만성적이다. 다른 사람보다 반드시 더 나쁜 상태라는 뜻이 아니라, 그저 오랜 시간 지속된다는 뜻이다. 어떤 증상은 평생 지속될 수도 있다. 물론 이는 여러 신체적 질병의 경우도 마찬가지이다. 어떤 형태의 당뇨와 간질, 그리고 염증성 내장 질환은 보통 평생 지속된다. 장기간 치료에 의해 조절될 수 있을 뿐 결코 완치되지 않는다.

이와 유사하게 조현병, 양극성 장애, 혹은 섭식 장애와 같은 진단을 받은 일부 사람은 평생 어려움을 겪는다. 그러므로 건강이 좋지 않다고 교회 생활을 못하도록 제외시키기보다 그들을 참여하게 할 방법을 찾는 것이 중요하다. 그러나 그들이 참여할 때 정신건강이 주는 한계를 고려해야 한다. 이는 신체적 어려움을 겪는 많은 사람에게도 동일하다. 책임 의식이 있는 교회라면 휠체어를 탄 사람을 위해 입구에 경사로를 설치할 것이다. 만일 장소가 허락된다면, 군중 속에서 거의 참을 수 없는 불안을 느끼는 사람을 위해 따로 떨어져 앉아 예배할 수 있도록 음악이 흐르고 안락하고 조용한 장소를 만들어 보면 어떨까?

정신건강 문제를 겪는 사람은 적응을 힘들어한다는 사실 또한 주목해야 한다. 아마도 그들의 사회적 불안은 그들로 다른 사람과 앉아 있는 것을 힘들게 하거나 예배 중간에 자리를 뜨게 한다. 이런 일을 기꺼이 수용하려는 교회 공동체는 그들에게 중요한 지지 기반이 되어 주며, 그들이 필요로 하는 사회적 관계망을 형성하는 데 도움이 될 수 있다. 이런 배려를 하지 못하는 교회는 종종 그들이 느끼는 소외감을 더 크게 만든다.

그들의 상태가 좋아지기까지 참여를 제한하기보다, 가능한 곳에서, 그들이 어려움을 겪을 때도 은사를 활용할 수 있도록 노력해야 한다. 이는 정신건강 문제로 장기간 어려움을 겪는 사람을 돌볼 때 중요한 한 가지 방법이다.

장기간 정신건강 문제를 겪는 남성은 사회적 상황을 견디기가 너무 힘들다고 생각할 수 있지만, 운전은 정말 좋아할 수 있다. 아마도 그런 사람은, 저녁 예배가 마친 후 교회 소형버스를 운전하여 사람들의 귀가를 돕는 책임을 맡을 수 있을 것이다. 마찬가지로 사회 불안으로 어려움을 겪는 한 젊은 여성은 주방에서 간식을 담당하는 팀에 속해 음료를 준비해서 봉사하는 일을 사랑했다. 다른 사람과 자기 사이에 있는 조리대가 마음을 편하게 해 주어 다른 사람과 특별한 유대를 맺을 수 있었다. 그 결과 자신의 소중함과 유용함을 느낄 수 있었다.

도움을 받으려 하지 않는 사람을 어떻게 도울 수 있는가?

정신건강 문제에 대해 도움을 받으면 유익할 것 같은 사람이 정작 그 도움을 별로 원하지 않는 경우가 흔하다. 사실 그들은 자신에게 정신건강 문제가 있다는 어떤 암시에도 저항감을 가질 수 있다. 이런 상황은 결코 쉽지 않지만 솔직하게 이야기를 나누려는 마음으로 왜 그런 도움에 주저하게 되는지 살펴보는 일은 확실한 출발점이 될 수 있다. 정신건강 문제와 연관된 사회적 낙인에 대한 두려움이 분명히 한 요소일 수 있다. 이 두려움은 교회가 이에 대해 개방적으로 이야기할 때 완화될 것이다.

다양한 선택을 제안하면 주저하는 마음을 줄여 줄 수 있다. 예를 들어 주치의를 만날 때 함께 가면 어떨지 하는 제안이 그렇다. 또한 온라인으로 제공되는 다양한 지원은 대면하여 도움을 받기 위한 디딤돌이 될 수 있다.

정신적 질병과 영적 전쟁의 관계는 무엇인가?

정신적 질병과 영적 전쟁의 상호작용 방식에 관한 주제는 이 책에 허용되는 범위를 훨씬 능가한다. 여기서의 설명은 개괄적인 수준의 윤곽만을 제시하는 것에 불과하다.

성경은 죄와 고통을 연결한다. 창세기 3장에서 세상에 들어온 죄는 더불어 고통을 가져왔다(창 3:14-19). 타락에 이르게 한 유혹의 주

범은 사탄의 거짓말이었다(창 3:1-5). 그리고 사탄의 최후 멸망을 가져올 사건은 악을 이기는 그리스도의 승리이다(계 20:10). 그날, 이 모든 고통이 끝날 것이다(계 21:4).

하지만 이 가운데 무엇으로도 고난을 개인적인 죄와 단순히 연결해서는 안 된다. 예수님은 태어날 때부터 눈먼 사람에 대해 말씀하시며 특별한 고통이 특별한 죄와 연결되어야 한다는 생각을 단념시키셨다(요 9:1-3). 우리는 한 사람의 정신적 질병과 사탄의 어떤 특정한 개입에 대해 성급하게 연결 짓는 결론을 내려서는 안 된다.

오늘날에도 악은 지속되며 영적 전쟁은 모든 그리스도인의 현실이다(엡 6:10-18). 올바르게 이해하자면, 영적 전쟁은 단지 귀신 들림과 같은 비범한 현상에만 있는 것이 아니라, 모든 신자가 유혹과 죄와 더불어 맞이하는 일상적인 전투에 있다. 더욱이 예수님이 귀신을 쫓아내실 때, 복음서는 예수님이 개인적인 도덕적 악이 아니라 치유가 필요한 고통에 응답하신 것으로 묘사한다(마 4:23-24).

신자가 역경을 맞이할 때마다, 그들은 영적 전쟁이라는 현실에 휘말린다(고후 12:7-10; 계 2:8-10). 이는 모든 종류의 질병에서도 마찬가지이다. 정신 질환을 경험하는 사람은 때때로 쉬지 않고 영적 영역과 악의 권력에 대해 말한다. 그러나 사람이 맹렬하게 방해와 스트레스를 받을 때, 그들이 이를 표현하는 수단으로 선과 악의 어마어마한 세력에 대해 말하는 것에 놀라서는 안 된다. 그러나 이 자체가 귀신 들림과 정신적 질병을 단순하게 연결시키는 논거는 아니다.

이런 상황에서 우리의 최고 전략은 사탄과 모든 악의 세력에 대한 예수 그리스도의 완전하고 포괄적인 승리를 강조하는 것이다. 하나님의 자녀를 보호하고 지키시리라는 그분의 약속을 상기시키는 일이 필요할 것이다(시 121; 요 10:28-29; 17:15; 살후 3:3).

끝으로, 우리가 무엇을 경험하든, 영적 전쟁이든 정신적 질병이든, 우리는 자신의 한계를 알고 더 많은 경험을 가진 사람에게서, 초기 단계부터 도움을 구할 준비를 해야 한다.

이 주제에 대해 더 생각하기 원한다면 데이비드 폴리슨(David Powlison)의 탁월한 서서, 『일상의 영적 전쟁』(*Safe and Sound: Standing Firm in Spiritual Battles*)을 읽으라.

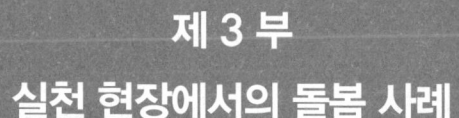

제 3 부
실천 현장에서의 돌봄 사례

들어가며

 책에서 이론을 조금 읽는 것만으로는 충분하지 않다. 그렇다면, 만일 우리가 이 모든 것을 자신이 속한 지역 교회에서 실천한다면, 그 모습은 실제로 어떻게 나타날까? 우리가 시간과 노력을 기울여 자원을 공급하고, 인식을 높이고, 사람들을 도와 서로 관계를 맺게 하고, 그들의 정체성을 기억하게 하고, 더욱 정진하여 그리스도를 닮아가게 한다면 우리는 어떤 열매를 기대할 수 있을까?

 우리는 분명히 우리가 바라는 만큼 완전히 행할 수는 없을 것이다. 우리가 여기에 언급된 모든 일을, 그리고 그 이상의 일을 할 수 있겠지만 우리의 교회에서 정신건강 문제가 완전히 해결되지는 않을 것이다. 오로지 예수님의 다시 오심만이 이를 성취할 수 있다.

교회가 이 모든 돌봄의 국면에서 전문가가 되지는 못할 것이다. 전문 상담사가 해야 할 일은 기독교 구호 단체나 일반 세상에 언제나 남아 있을 것이다.

모든 사람이 반드시 우리의 지원을 '바란다고' 기대할 수도 없다. 인간은 복합적이어서 다른 사람의 도움을 바라는 때가 있고 바라지 않는 때가 있다.

그러나 우리가 그리스도를 따르고 그분을 아는 사람에게, 그리고 그분을 알지 못하는 사람에게도 복음 소망을 제시한다면, 우리는 변화를 보게 될 것이다.

이 세 번째 그리고 마지막 부분에서, 우리는 1장에서 제시한 사례 연구로 다시 돌아가려 한다. 개개인을 지원하는 일이 일반 교회에서 어떻게 나타날 수 있을지, 격려되는 모습과 낙담될 만한 요소를 모두를 추적하려 한다.

이 사례 연구는 불안, 우울, 중독의 모든 경우가 어떻게 진행되어야 하는지 제시하는 것이 아니다. 이 연구는 돌봄이 어떻게 나타나는가의 예시이다. 그러므로 여기서 읽을 불안에 관한 사례 연구는 불안으로 힘들어하는 모든 사람과 동행하는 모범을 제공하지 않는다. 단지 이 책에서 말한 원리가 작동하는 몇 가지 방법 중 하나를 보여 줄 뿐이다.

이어지는 내용은 불가피하게 단순화할 수밖에 없었다. 분명히 실제 삶에서는 이 책이 말하는 것보다 더 많은 변곡과 전환이 있다. 그러나 우리의 바람은 이 사례들이 모두에게 영감을 주어 교회가 예수 그리스도의 사랑과 소망을 가지고 고통받는 사람들을 향해 움직이게 되는 것이다.

12.
불안에 대한 사례

1장에서 만난 쟈이를 기억하는가?

쟈이는 자신이 기억하는 한 어릴 때부터 그리스도인이었다. 그녀는 예수님을 진심으로 사랑하고 생명을 다해 예수님을 섬기기 원한다. 주일마다 예배를 드리고, 매주 수요일에 소그룹에 참여하지만 그녀는 단 한마디도 말하는 법이 없다.

그녀가 사람들을 사랑하지 않는 것도 아니고, 하나님의 말씀을 묵상하지 않아서도 아니다. 그저 겁에 질렸을 뿐이다. 혹시 틀린 말을 하거나, 누군가를 화나게 하는 말을 하지는 않을까 극심한 공포를 느낀다. 밤이 되면 그녀는 공황 발작과 싸우고, 위경련으로 하루를 망치고, 자주 눈물을 흘린다.

인생이 너무나 절망적으로 느껴진다. 그녀는 이런 삶을 바라지 않았다. 당신이라면 어떻게 그녀와 잘 동행할 수 있겠는가?

차이 이해하기

차이의 삶은 고달프다. 당연한 말처럼 들리겠지만, 이것이 가장 좋은 출발점이다. 이 현실을 마음 중심에 두고 시작할 때, 힘겨워하는 자매에 대한 자비롭고 배려 깊은 마음에서 이후 과정들을 진행할 수 있다. 차이는 교정해야 할 대상이 아니고(그녀는 어떤 프로젝트가 아니다.) 책망해야 할 대상도 아니다(어떤 고의적인 죄가 주요한 문제인 것이 아니다.). 그렇다고 있는 모습 그대로 인정받아야 할 것도 아니다(물론 약간의 인정은 좋지만 무언가가 달라져야 한다.). 우리에게 주어진 부르심은 성경이 명령했듯이 '그녀를 사랑하는 것'이다.

차이는 단지 몇 가지 일이 힘든 것이 아니다. 참 많은 일이 전반적으로 힘들다. 일을 망칠까 봐 무섭고, 사람들의 시선이 무섭고, 다른 사람과 같은 방에 있는 것이 무섭다. 자신과 하나님만 있어도 무섭다. 밤이라고 낮보다 더 나은 것이 아니다. 밤에는 정서적 과부하와 신체적 피로를 느낀다. 수면 부족으로 그녀는 탈진했다. 그녀의 세계는 참혹하고 외로우며 어디로 가야 할지 모른다.

이 사실의 심각성을 충분히 인식하는 것이 중요하다. 한 젊은 여성이 괜히 소란을 피우는 것이 아니다. 그저 정신을 차리고 털고 일어나면 되는 그런 상황이 아니다. 그녀 삶 전체를 지배하는 거대한 문제이다. (비록 이 사례가 이를 명시적으로 보여 주지는 않지만) 그 뿌리에는 과거의 깊은 고통이 자리 잡고 있을 가능성이 크다.

그러는 중에도 챠이는 교회에 출석한다. 매주 그녀는 얼굴을 밝게 보이려고 노력한다. 그러나 상황이 좋아지지 않는다면 그것도 오래가지 못할 것이다. 성경은 말씀하기를 예수님의 짐은 가볍다고 했는데, 지금 이 순간에는 교회가 마치 10톤처럼 무겁다. 아무도 그런 기간을 오래 버틸 수 없다.

그녀에게는 도움이 필요하다. 그러나 어디로 손을 뻗어야 할까? 그리고 무엇을 받을 수 있을 것인가?

챠이와 더 넓은 세상

친구들은 챠이에게 의사를 만나 보라고 격려할 수 있다. 그렇게 하는 편이 도움도 되고 지혜로운 일이다. 전문 기관에서 검사를 받은 후, 범불안 장애나 사회 불안 장애와 같은 진단을 받을 수도 있을 것이다. 이런 진단은 다른 사람의 시선이나 평가를 받는 상황에 대한 두려움이 특징이며, 그 두려움이 6개월 이상 지속되고, 사회적 상황에서 고통, 회피 혹은 큰 희생을 감수하는 경향이 나타날 때 내려진다. 이 진단명은 그녀의 계속되는 전쟁을 잘 설명해 준다. 그녀는 주변에 다른 사람이 있을 때 자신의 목소리를 내는 것이 힘들다.

의사는 아마도 도움이 될 만한 약간의 투약을 권할 수 있다. 항우울제는 기분을 끌어올리는 데 도움이 될 수 있고, 항불안제는 공황과 두려움을 어느 정도 완화시켜 줄 수 있다. 의사는 그녀를 온라인 긴장 완화 교육이나 12주 인지 행동 치료를 권하며 사람이 많은 공간에서의 경험을 새롭게 재구성하도록 도울 것이다. 운동이 도움이 되므로 헬스장에 다니거나 명상을 하라는 조언을 들을 수도 있다. 그리고 그 과정에서 많은 격려를 받을 것이 분명하다. 이 모두는 큰 유익이 될 것이다.

그런데 교회는 어떤가?

인식을 높여 차이를 돕기

차이는 아마도 교회에서 이런 어려움을 겪는 사람이 자기밖에는 없나고 느낄 것이 분명하다. 교인을 둘러보면 대부분이 말하기를 즐거워하고, 자신의 의견을 나누는 데 조금도 주저하지 않는 것 같다. 그녀는 자신이 '나쁜 그리스도인', 보기 드물게 믿음이 약해서 어려움을 겪는 사람은 아닌지 의심한다. 그녀는 결코 큰 소리로 기도하거나 성경 공부 시간에 발언을 하지 않기 때문에 다른 사람들이 그녀의 헌신이나 지식을 의심하지는 않을지 스스로 의구심을 갖는다.

어느 힘들었던 주일 모임을 간신히 마치고 그녀는 교회 서가로 향했다. 그녀는 위인 전기를 훑었다(그녀는 그들이 '나보다 나은 사람들'이라 생각했다.). 성경 주석서를 만지작거렸다. 그때 그녀는 불안에 관한 책 세 권이 나란히 놓인 것을 보았다. 책 한 권을 책장에서 꺼냈다. 뒷표지에 통계가 실려 있었는데 놀랍게도 불안은 그리스도인에게 매우 흔하게 나타난다고 한다. 책을 제자리에 놓고 자신이 이런 증상을 겪는 유일한 사람이 아닐 수도 있겠다는 생각을 했다. 두 번째 책에는 하나님의 긍휼에 대한 내용이 있었다. 세 번째 책에서 그녀는 불안을 치료하는 전략에 대한 제안을 보고, 그 책을 읽어 보기로 했다. 그 책들이 거기 있다는 것만으로도 그녀에게는 소망을 주었다.

교회 문을 향해 걸어가는데 친구 한 사람이 눈에 들어왔다. 그녀가 미소를 지으며 다가왔다. "나도 그 책을 읽었어." 친구가 말했다. "하지만 너는 불안 때문에 고생하지 않잖아." 챠이가 대답했다. 친구는 "아니, 나도 그래." 하고 대답했다. 둘은 이어서 짧은 대화를 했다. 이 대화가 모든 것을 낫게 하지는 않았지만 챠이는 문득 자신이 혼자가 아니라는 것을 알았다. 친구가 용기를 내서 자신을 있는 그대로 드러내며 그녀의 어려움을 살짝 보여 주었다. 이로써 인식이 확장된 것이다. 이제 이 교회에서 불안을 이야기하는 것은 안전하다. 이 교회의 성도는 인생에는 아픔이 있지만, 그 아픔을 지나갈 길이 있다고 확신하게 되었다.

이날이 챠이가 지난 수년간 교회 생활을 하며 보낸 날 중에 최고의 주일이었다.

챠이가 관계를 맺도록 돕기

챠이는 아마도 자신의 어려움을 소그룹 안에서는 털어놓지 못할 것이다. 한마디 발설하기가 가장 힘든 곳이 바로 이 장소이다. 그래서 앞으로의 대화는 훨씬 더 작고 신중한 자리에서 이루어져야 한다. 그녀가 안전하다고 느끼는 곳에서, 그녀가 신뢰하는(혹은 신뢰할 수 있겠다고 느끼는) 그리스도인 자매로부터 커피를 함께 마시자는 초대를 받는 것이 이상적이다.

대화가 처음에는 어색했지만, 침묵을 불편해하지 않는 친구의 태도에 그녀는 깊은 인상을 받는다. 친구는 질문을 쏟아붓는 대신, 훨씬 더 열린 방식으로 말을 건넨다. "너라면 어떤 느낌일지 조금만 이야기해 줄래?" 그녀에게 자유를 주는 질문이다. 더 이야기하라는 압박 없이 그녀가 원하는 만큼만 말하면 된다. 그리고 정답을 말해야 한다는 두려움도 없다. 그녀는 이제 자신의 세계 안으로 사람을 들일 수 있고, 그 고통을 있는 그대로 보여 줄 수 있다.

이 만남에는 그녀가 소그룹에서 침묵하는 '문제를 고치려는' 의도가 전혀 없다. 소그룹에서 그녀가 한마디도 하지 않는다는 사실은 언급도 되지 않는다. 이 점은 그녀에게 안도감을 준다. 그 문제가 거론되었다면 그녀는 정죄받는 느낌을 받았을 것이다. 이 만남은 그저 두 여성이 서로를 알아가는 대화였을 뿐이다. 어떤 동기가 그녀를 움직일지 앞으로 이해하게 될 것이다. 이민은 앞으로 하게 될 대화를 위해 약간의 기초를 세운 것이다.

다시 만날 날이 정해졌다. 챠이의 마음이 고무되었다. 무언가 아름다운 일이 일어날 것 같다. 물론 그녀는 순진하지 않다. 나중에 "그때 좀 더 잘 말할 수 있었는데…." 하며 불안 발작이 올 수도 있다. 그러나 그런 일은 익숙한 패턴일 뿐, 새삼스럽지 않다. 무엇보다도, 그 대화에서 일어난 일이 그녀에게 진심으로 좋게 느껴졌다.

한 주 혹은 두 주가 지난 후, 다른 만남, 다른 커피 그리고 다른 대화가 있었다. 삶에 대해 조금 더 깊은 탐험이 있었다. 그리고 더 깊은 질문이 나왔다. "하나님이 너를 어떻게 보시는 것 같니?"

이것은 의견을 묻는 질문이지, 옳거나 그른 답을 묻는 것이 아니다. 그래서 그녀는 더 쉽게 자신의 마음을 이야기할 수 있었다. 그렇다고 할 말이 편하게 나온 것은 아니다. 그래도 그녀는 용기를 내서 말을 꺼냈다. "실망하셨지. 하나님은 내게 실망한 것 같아." 그것이 그녀의 견고한 믿음이었다.

친구는 즉시 끼어들어 말하려는 유혹을 느낀다. "아냐. 그건 진실이 아냐. 하나님은 너를 사랑하셔!" 하지만 챠이에게는 이런 대답이 대화의 문을 닫을 수 있다. 그런 반응은 이렇게 고함지르는 것과 같다. "내가 괜히 입을 열었구나. 또 틀렸어. 내가 말해 보아야 소용없어." 대신 친구는 지혜롭게 또 다른 질문으로 대화를 이어간다. "그 문제를 가지고 어떻게 하나님께 더 깊이 나아갈 수 있을까?"

언젠가 챠이의 눈은 그녀의 생각을 새롭게 할 성경 말씀에 머물게 될 것이다. 우리는 챠이가 하나님과 자신에 대해 올바르지 않은 관점을 가지고 있음을 잊어서는 안 된다. 그러나 지금은 그 문제를 잠시 보류해 두고, 보다 근본적인 부분부터 함께 다루도록 하자. 챠이는 목소리를 내는 것이 쉽지 않다. 목소리를 내는 연습을 시작하기에 최고의 장소는 하나님과의 관계 안이다. 하나님과 대화하는 법을 배움으로써 그녀는 다른 사람과 대화하는 법을 배울 것이다. 그리고 그녀가 다른 사람과 이야기할 수 있을 때, 바꾸어야 할 부분도 말할 수 있을 것이다.

연이은 몇 주간에 걸쳐 친구는 챠이를 초청해 다양한 시편을 읽게 하고 다윗과 다른 서사가 사용한 시편을 보게 했다. 챠이는 충격을 받았다. 시편 곳곳의 표현이 생각보다 아주 거칠고 적나라했기 때문이다. 챠이는 대화에서 사용하는 모든 말은 듣는 사람의 귀를 만족시키거나 즐겁게 하도록 세심하게 다듬어져야 한다고 늘 생각했다. 매주 조금씩, 챠이는 다윗의 시편을 따라 현실적이고 정직한 말로 기도하기 시작했다. 처음에는 몹시 어려웠다. 하나님께 '경솔하게' 말했다는 죄책감이 우물쭈물 남아 있었다. 그러나 이 시편들에 이미 이에 대한 선례도 있었다.

챠이가 자기 정체성을 기억하도록 돕기

일대일 대화를 나누고 새로운 방법으로 기도를 시작한 지 몇 주가 지났다. 챠이는 자기 목소리를 내는 것이 꼭 두려운 일은 아니라고 배우고 있다. 소그룹에서 그녀는 사람들의 기도가 마칠 때 마음에서부터 나오는 목소리로 "아멘."이라고 말하기 시작했다.

친구는 챠이가 하나님이 자신에게 실망했다고 한 말로 돌아갔다. 그녀는 챠이가 왜 그렇게 생각하는지 물었다. 잠시 생각한 후에 챠이는 "왜냐하면 나는 다른 사람과 같지 않으니까."라고 대답했다. 두 사람은 함께 에베소서 1장을 폈다. 챠이의 가슴이 빠르게 뛰기 시작했다. 그녀는 틀린 말을 하고 싶지 않았다. 그러나 친구는 그 긴장의 순간을 차분하게 가라앉혔다. "우리 앉아서 하늘에 계신 우리 아빠가 하시는 말씀을 들어 보자." 그리고 사도 바울의 말씀을 큰 소리로 읽었다.

"찬송하리로다 하나님 곧 우리 주 예수 그리스도의 아버지께서 그리스도 안에서 하늘에 속한 모든 신령한 복을 우리에게 주시되 곧 창세 전에 그리스도 안에서 우리를 택하사 우리로 사랑 안에서 그 앞에 거룩하고 흠이 없게 하시려고 그 기쁘신 뜻대로 우리를 예정하사 예수 그리스도로 말미암아 자기의 아들들이 되게 하셨으니 이는 그가 사랑하시는 자 안에서 우리에게 거저 주시는 바 그의 은혜의 영광을 찬송하게 하려는 것이라 우리는 그리스도 안에서 그의 은혜의 풍성함을 따라 그의 피로 말미암아 속량 곧 죄 사함을 받았느니라"(엡 1:3-7).

"이게 바로 너야!" 친구가 말했다. "이처럼 다양한 우리의 모습이야. 하나님은 바로 이렇게 생각하셔." 친구는 질문으로 괴롭히지 않았다. 그녀는 챠이가 해석을 잘못하지나 않을까 걱정하는 상황으로 되돌아가기를 바라지 않았다. 그저 침묵을 그대로 남겨 두었다. 챠이가 마지막에 응했다. "하나님이 정말 나를 그렇게 보실까?"

친구는 복음서의 한 부분을 함께 읽어 나가자고 제안했다. 어려운 질문은 없었다. 그저 함께 보고 느낀 것을 나누는 자리일 뿐이었다 그리고 그들은 다음 몇 주 동안 그렇게 함께했다.

챠이의 통찰력은 참으로 놀라웠다. 그녀는 예수 그리스도의 신하심과 주권을 금세 포착해 냈다. 예수님이 완전히 망가진 사람들을 제자로 부르시는 장면을 보며 그녀의 얼굴이 환하게 빛났다. 예수님이 길을 잃은 자들을 부드럽게 회복하시는 방식을 그녀는 며칠이고 곱씹었다.

몇 달이 지나면서, 챠이의 마음에는 점점 이런 확신이 자리잡기 시작했다. '이 하나님은 거룩하시지만, 두려움의 대상은 아니시다.' 하나님의 기준은 높지만, 그분은 그 기준으로 자신의 백성을 짓눌러 넘어뜨리는 분이 아니시다. 그분이야말로 그 팔을 넓게 벌리신 아버지이시다. 그리고 챠이는 이제 교회 안의 다른 '엉망인 사람들'처럼 자신도 엉망인 채로 있어도 된다는 사실에 안심했다.

챠이가 정진하도록 돕기

이 지점에 도달하기까지 수개월이 걸렸다. 그러나 변화를 위한 기초는 이제 견고하다. 그녀는 교회 가족 안에서 견고하고 정직하며 헌신된 관계 가운데 세워졌다. 그리스도 안에서 자신의 참된 정체성을 더욱 분명하게 보기 시작했다. 여기가 바로 새로운 질문을 소개할 지점이다. "어떤 면에서 그리스도를 더욱 닮아가고 싶니?"

이 질문에 대답하며 챠이가 보여 준 목록에 친구는 놀랐다! 챠이에게 지난 몇 주간, 기대되는 삶의 모습과 지금의 삶이 얼마나 다른지, 또 더 나아질 수 있는 가능성에서 얼마나 멀어져 있는지 또렷하게 보았다. 그리고 지금까지 쌓은 안정된 관계에서, 그녀는 이제 그 모두를 명확하게 표현할 수 있다고 느꼈다. 놀랍지도 않지만, 그 목록의 첫 번째는 소그룹 모임에서 자신을 나누는 것이다.

챠이는 소그룹에 기도 요청을 했다. 그녀는 앞으로의 여정에 무릎 꿇고 기도해 줄 사람이 필요하다는 것을 알았다. 그녀는 또한 어떻게 되어 가는지 많은 질문을 하지 말아 달라고 요청했다. 지금 단계에서는 그런 질문을 감당할 수 없다고 느꼈기 때문이다. 이 요청은 그녀에게 있어 큰 걸음이었다. 그녀는 이미 자신의 목소리를 내기 시작한 것이다.

마음 속 고요한 곳에서, 그리고 친구와의 대화 가운데 챠이는 성격과 참여의 차이를 조심스럽게 풀어내기 시작했다. 말하지 않는 것은 괜찮다. 하지만 하나님은 여전히 공동체 생활에 그녀가 참여하기를 원하신다. 성경에 나타난 은사의 목록을 보면서, 자신에게는 아마도 나눔과 지혜의 은사가 있다고 생각했다. 그러자 문득, 소그룹 참여자 중 한 사람이 끼니를 해결하는 일에 어려움을 겪는 것이 생각났다. 한마디 말 없이도 그녀는 이미 공동체에 더 깊이 참여하고 있다.

챠이는 도움이 필요한 사람을 위해 자신도 기도하고 싶다고 느꼈다. 그녀의 기도는 점점 그리고 조금씩 더 자유로워졌다. 그녀는 용기를 내서 예배 후 교제 시간에 가끔은 "어떻게 지내세요?"라고 인사도 하게 되었다.

자신의 삶에 선한 열매가 맺히는 모습을 보면서, 챠이는 핵심을 분별하기 시작했다. 그녀는 종종 스스로에게 "내 말은 중요하지 않아."라고 말했는데, 이는 '옛 사람'의 생각이며 '새 사람'의 생각이 아니다. 부정적인 말이 머리에 떠오를 때마다 그녀는 진리를 붙잡기로 결심했다. 조금씩 그런 생각을 가지고 가서 주님께 기도했고 자신의 마음을 변화시켜 주시도록 구했다. 아가서를 읽고 서로 사랑하는 사람들이 어떻게 서로의 목소리 듣기를 좋아하는지 보게 되었다. 그녀는 열왕기하 5장에서 하나님이 한 어린 여종의 말을 사용해 선한 변화를 가져오신 것을 보았는데, 여기서 자신에게 또한 그리스도 안에서 소망이 있음을 알았다.

조금씩 그녀의 마음이 변화되었다. 챠이는 성령님이 자신을 어떻게 준비시켜 주시는지 집중했다. 그리고 그녀는 이렇게 기도할 수 있었다. "주님 감사합니다. 저의 말이 참 중요합니다. 왜냐하면 주님께서 저의 말을 당신의 영광을 위해 사용하기로 계획하셨기 때문입니다. 저를 도우셔서 제가 말을 잘 사용하게 해 주십시오." 시간이 걸리는 일이었지만 그녀는 점차 변화되기 시작했다.

그날은 참으로 놀라운 날이었다. 챠이는 지혜롭게도 소그룹 리더에게 본문과 질문을 미리 알 수 있는지 물었다. 그녀는 떨리는 가슴으로 용기를 내서 소그룹에서 과감하게 자신의 의견을 냈다. 그녀는 참 훌륭한 통찰력을 보여 주었고, 다른 참여자는 이를 보며 하나님을 찬양했다.

실제적인 자원으로 챠이를 돕기

그 여정 속에서 챠이의 친구들은 놀라운 방식으로 함께했다. 그들은 그녀를 '비사교적인' 사람들의 모임(카페에 함께 앉아 조용히 책만 읽는 곳)에 초대했다. 이는 그녀가 말해야 한다는 압박감 없이 다른 사람과 함께하는 일에 익숙해지도록 도왔다. 그들은 그녀에게 격려가 담긴 성경 구절을 문자로 보내 주었다. 집을 비울 때는 그녀에게 개를 돌보아 달라고 부탁했다. 그리고 그녀가 다음에 병원에 내원할 때 의사에게 무슨 말을 할지 미리 생각하도록 도왔다.

챠이는 결코 외향적인 사람이 되지 않을 것이다. 왜 그렇게 되어야 하는가? 그녀는 그렇게 지음 받지 않았다. 그녀는 여전히 불안과 씨름하고 있다. 그녀의 여정은 아직 끝나지 않았다. 그러나 적어도 불안이 그녀를 매일 마비시키지 않는다. 그녀는 자신이 사랑받고, 안전하며, 자신의 목소리를 통해 주변 사람을 유익하게 할 수 있음을 안다. 그리고 그곳이 그녀가 있어야 할 소중한 장소이다.

13.
우울증에 대한 사례

1장에서 만난 앤디를 기억할 것이다. 그는 젊은 독신이며, 지적이고 자기 일에 유능한 사람이다. 보통 그는 성경 공부 모임의 생명과 영혼이라 할 만큼 언제나 농담도 잘하고, 기꺼이 남을 돕고, 친교 행사를 앞장서서 조직한다. 하지만 최근 몇 달은 상황이 그렇게 좋아 보이지 않는다.

증상은 서서히 진행되었는데, 앤디는 자신에게서 에너지가 줄고, 열정이 식고, 자신답지 않은 우울한 기운이 감돌고 있다고 느낀다. 친구가 여럿 있었지만 앤디는 점점 혼자라는 생각이 든다. 그는 타고난 자신감을 가졌지만, 지금은 자신이 실패자이며 다른 사람을 실망시키고 있다는 어두운 생각에 길을 내주었다.

이른 새벽은 최악이다. 잠은 오지 않고, 어둠 속에 누워 자신이 사랑스럽지 않으며 가치가 없다고, 그가 없다면 세상은 더 나은 곳이 될 거라고 정말로 믿는다. 그러면 생각은 매우 암울해진다. 인터넷 검색 기록을 훑어보면, 최근 그가 사람들이 어떻게 삶을 끝내는지 탐색하기 시작한 것을 알 수 있다. 당신은 어떻게 그와 잘 동행할 수 있겠는가?

앤디 이해하기

앤디의 어려움 중 하나는, 사람들이 그를 기억하고 생각하는 모습과 그가 점점 되어 가는 실제 모습 사이의 괴리이다. 사교적이고 외향적인 사람이 절망과 우울에 사로잡힌 사람으로 변해 가는 것은 엄청난 변화다. 앤디도 자신에게 이런 일이 일어나고 있다는 사실을 인정하기 싫었다. 그는 분명히 이를 사람들로부터 숨기기 위해 최선을 다했다. 실제로, 기분이 점점 더 가라앉을수록 따라오는 실패감은 그에게 자신의 진짜 상태를 감춰야만 한다는 확신을 더 강하게 심어 주었다.

죄책감, 수치심, 자포자기와 절망을 앤디는 강하게 경험했다. 그러나 그는 충분히 교육을 잘 받은 그리스도인으로서 이런 식으로 느껴서는 안 된다고 알았다. 복음이 우리의 수치심을 덮었고, 우리의 죄책감을 다루었으며, 우리에게 확실한 소망을 주지 않았는가? 그렇다면 어떤 이유로, 수치심과 죄책감과 다른 모든 것에 빠져 거기서 뒹굴겠는가?

하지만 단순히 스스로에게 이런 감정은 허용될 수 없다고 말하는 것은 변화를 일으키지 못한다. 앤디는 여전히 그런 감정을 느낀다. 죄책감을 느끼는 것에 죄책감을 느끼고, 수치심을 느끼는 것을 수치스러워한다. 때때로 그는 어떻게 앞으로 나아가야 할지 모른 채 안개 가운데서 길을 잃은 것 같다. 감정은 그를 아래로 끌어내리고, 그에게는 그것에 저항할 에너지가 없다. '스스로를 끌어올리고 평상시의 자신이 될' 능력이 없다는 사실은 자신을 쓸모없는 존재로 여기게 해 마음을 복잡하게 한다.

아마도 그중 최악은 절망감일 것이다. 앤디는 절망에서 벗어난 자신을 상상조차 할 수 없다. 이런 생각과 감정이 어디서 왔는지 도무지 알 수 없듯이 어떻게 그리고 왜 그것들이 사라질지도 알 수 없다. 이 정도의 자포자기와 절망에 영원히 갇혔다는 생각은 정말 견디기 힘들다. 그런 이유로 더 어두운 생각이 파고든다. 삶을 끝내는 것이야말로 유일한 출구처럼 보인다. 물론 그런 생각이 틀렸다는 것을 안다. 그래서 그는 다른 사람에게 자신의 상태를 말하지 않는다. 그래도 어떤 날은 이렇게 억누르는 침체에서 벗어날 길이 적어도 하나는 있다는 생각이 들어 위로를 얻는다. 그리고 그 위로가 그에게 유일하게 남은 '소망'이다.

앤디와 더 넓은 세상

앤디는 결코 의사를 자주 찾는 사람이 아니었다. 그리고 지금도 의사를 만나러 간다는 생각은 전혀 내키지 않는다. 무슨 말을 해야 할까? 어떻게 설명해야 할까? 앤디는 자신에게 무슨 일이 일어나고 있는지 정말로 이해할 수 없었다. 어떻게 이를 다른 사람에게 설명할 수 있을까? 게다가 그는 어떤 새로운 일, 특히 주도적인 선택이 필요하고 약간이라도 사회적인 활동이 필요한 일을 하기가 힘들다. 그래서 다른 많은 상황에서처럼 관성이 이기고 만다.

때로는 사람들이 그의 변화를 거의 알아차리지 못한다는 사실 때문에 놀란다. 앤디가 가족 모임에 참여하지 않자 그의 부모는 앤디가 일과 교회로 바빠서 그렇다고 생각한다. 앤디는 친구들이 보낸 문자 메시지에 답을 못 하고 있는데, 재차 보내는 친구들의 메시지에는 걱정보다 짜증이 묻어 있다. 친구들은 이제 앤디가 그들에게 연락할 차례라고 생각한다.

앤디는 지난 수년간 우울증을 앓았던 유명 운동선수의 신문 기사를 읽기까지는 자신에게 벌어지는 일을 설명하는 데 '우울증'이란 단어가 필요하다는 사실을 조금도 염두에 두지 않았다. 그런데 그 설명이 정말 맞는 것 같았다. 그 후로 온라인에서 우울증을 검색하게 되었는데, 온통 뒤죽박죽인 사실을 발견했다. 생화학과 세로토닌에 대한 많은 기사가 있었다. 많은 사람이 항우울제를 복용하고 생활이 회복되었다. 하지만 혼란스럽게도 어떤 사람은 항우울제에 대해 훨씬 부정적인 시선을 갖고 있었다. 그리고 '지나친 과잉 처방'에 대한 주의 사항도 많았다. 심각한 부작용을 겪거나 장기간 침체 증상에 빠진 사람에 관한 걱정스러운 설명도 있었다.

어떤 사람은 간단한 자가 치료를 장려하는 것 같았다. 운동, 더 좋은 식이 요법과 규칙적인 수면이 모두 두드러진 특색이었다. 그리고 성 요한 풀(St. John's Wort)과 광선 요법, 냉수욕과 허브 차에 이르기까지 많은 추천이 있었다. 하지만 그 무엇도 앤디에게는 그렇게 도움이 될 것 같지 않았다. 수면을 추천하는 것은 특히나 도움이 되지 않았다. 그는 잠들 수가 없었고, 그것이 그의 핵심 문제였다. 그는 요리는 고사하고, 스스로를 위해 쇼핑을 할 에너지나 열정도 없었다. 새로운 운동 계획은 에베레스트를 등반하라는 요구와도 같았다.

인터넷 검색은 오히려 그를 불확실하고 혼란스럽게 했다. 어떤 사람은 우울증을 반드시 약으로 고쳐야 하는 질병으로 보았다. 어떤 면에서는 이 관점이 앤디에게 위안을 주었다. 어쨌든 우울증은 그의 잘못이 아니라고 말하는 것 같았기 때문이다. 하지만 대체로 그는 거기에 동의하지 못했다. 그가 느끼는 방식에 대한 책임이 분명 자신에게 있었기 때문이다. 앤디는 또한 이 관점이 자신의 믿음과 상충한다는 사실을 발견했다. 만일 그가 믿는다고 고백하는 내용을 정말로 믿는다면, 분명히 이런 감정을 느끼지 않으리라고 그는 생각했다.

인식을 높여 앤디를 돕기

앤디가 느끼는 무기력과 고립은 분명히 교회와의 불행한 순환을 만든다. 가끔 그는 단순히 사람들에게 민폐를 끼쳐서는 안 된다고 느끼는데, 이는 그에게 작은 십자가처럼 느껴진다. 하지만 그보다는 너무나 자주 비참해져서 다른 사람이 자신을 무시할 만하다고 생각한다. 여기서 그가 놓친 사실은, 교회는 그가 겪는 일을 잘 이해할 수 있다는 점이다. 사람들이 손을 들고 기쁨과 소망을 나타내며 예배와 찬송을 드릴 때, 그는 어느 때보다 더욱 소외감을 느낀다.

그래서 주보에서 우울증을 주제로 한 세미나의 광고를 보았을 때 앤디는 깜짝 놀랐다. 그리스도인 정신과 의사를 저녁 세미나에 초청했는데, 온 교회 가족이 '우울증을 더 잘 이해하고 어려움을 겪는 사람을 더욱 잘 돕는 교회가 되기 위한' 시간이라고 광고했다. 앤디는 크게 기대하지는 않았다. 그는 다른 사람들이 우울증으로 고생하는 이들을 무시할 것이고, 심지어 비판적일 것이라 생각했다.

저녁 세미나에 참여하기까지 여전히 어마어마한 노력이 필요했다. 그는 두려움에 사로잡혔다. '내가 왜 거기에 있는지 사람들이 알게 되면 어떡하지? 그들이 내게 질문을 할까?' 그러나 그런 일은 없었다. 세미나에서는 많은 대화가 없었을 뿐 아니라, 그는 신중하게도 늦게 도착했고, 빨리 떠났다.

세미나에서는 생물학적 정보(모두를 이해하지는 못했다.), 영적 성찰(모두에 동의하지는 않았다.), 모든 종류의 치료적 선택(대부분은 지금까지 전혀 듣지 못했다.)이 언급되었다. 그러나 어떤 면에서 내용은 정말 그리 중요하지 않았다. 중요한 것은 교회가 이 행사를 첫 번째 우선순위에 두었다는 사실이다. 이는 본질적으로 중요한 메시지를 전했다. 즉 교회는 '우울증'이라고 부르는 이 증상을 인지하고 있으며, 이런 방식으로 느끼는 것이 어쨌든 허용된다. 앤디는 누군가에게 자신의 이야기를 말하는 모습을 상상했다.

그날 저녁에 언급된 이야기 중 두 가지가 그의 기억에 남았다. 하나는 우울증이 누구에게나 찾아올 수 있다는 것이다. 두 번째는 모든 사람의 우울증 경험은 독특하다는 것이다. 모든 경우에 다 맞는 한 가지 설명이란 존재하지 않는다. 이 말은 그에게 정말 도움이 되었다. 만일 앤디가 누군가에게 자신의 사정을 말했을 때 그를 실패자라 하거나 거짓이라 하거나 혹은 둘 다라고 생각하지는 않겠다는 생각이 들었기 때문이다.

아마도 그날 저녁에서 가장 좋았던 부분은 마지막에 있었던 질문 시간이었다. 질문을 했던 한 남성은 지금까지 우울증이 "단순히 죄이며 우울감을 느끼는 그리스도인은 회개하고 정신을 차려야 한다."고 믿었다. 강사는 이 발언을 단호하게 그리고 분명하게 물리쳤다. 그는 말하기를, 그런 생각이 교회가 우울한 사람에게 찾기 어려운 장소가 된 이유이며, 그러나 하나님은 우리를 긍휼과 돌봄을 보여 주도록 부르셨다고 말했다.

앤디가 관계를 맺도록 돕기

긍휼과 돌봄에 대한 마지막 언급이 아마도 앤디로 하여금 마음을 열도록 설득한 계기가 되었다. 하지만 여전히 그가 누구에게 말해야 하는지 분명하지 않았다. 그가 속한 소그룹에서 무언가를 말하기란 확실히 너무 부담스러웠다. 소그룹 리더에게 다가가는 것도 그에게는 너무 어려웠다. 그의 생각에, 담임 목사는 약간의 전문성을 가졌을 것 같았지만, 언제나 너무 바빠 보였다.

그날 저녁으로부터 약 2주 후 교회는 새로이 집중적인 목회 돌봄 팀을 시작한다고 발표했다. 그 팀의 목표는 더 복잡한 어려움을 가진 사람에게 목회적 지원을 하는 것이었다. 팀원은 이들을 돕기 위해 약간의 훈련을 받았고, 이메일 연락처만 남기면 후속 조치를 취하겠다고 했다. 모든 것이 관리하기가 매우 쉬워 보였다.

1-2주 후 앤디는 브라이언(Brian)에게 자신의 경험을 말하고 있었다. 알고 보니 그는 그 지역의 정신건강 상담단체에서 일하고 있었다. 브라이언은 자신감 있고 참을성이 있어서 앤디가 말하는 데 안정감을 주었다. 그에게 있었던 일을 말하는 데 시간이 다소 소요되었지만, 브라이언은 인내심을 가지고 경청했다.

이후로 몇 가지 중요한 일이 일어났다. 첫째, 브라이언은 앤디에게 의사를 찾아가 적절한 의학적 조언을 듣도록 격려했다. 브라이언은 직접 병원까지 차로 바래다 주겠다고 하며, 그 과정을 함께하겠디고 했다. 둘째, 브라이언은 앤디에게 소그룹 리더와 이야기를 나누어 보라고 권면했다. 앤디가 주저하자 브라이언이 자신도 함께하면 도움이 될지 물었다. 브라이언은 또한 담임 목사에게 앤디의 우울증을 알려서 사역자 팀이 그를 위해 기도하게 해도 될지 허락을 구했다. 그 모든 일이 앤디에게 지지와 격려를 받는 느낌을 주었다.

이 가운데 무엇도 앤디의 우울증을 없애지는 못한다. 하지만 꽤 오랜만에 처음으로 앤디는 작은 소망을 갖게 되었다. 사람들이 그의 싸움을 함께하고 있다. 브라이언은 우울증을 앓았다가 회복된 많은 다른 그리스도인을 안다고 했다. 앤디는 자신의 기분이 이보다 더 나아지리라 상상할 수 없었다. 그러나 이는 브라이언은 앤디가 나아질 수 있다고 믿는다는 사실을 알려 주었다.

브라이언과의 정기적인 만남은 그에게 일어나는 일이 무엇인지 적절한 단어를 찾게 도와주었다. 그러자 다른 사람에게 말하는 것도 더 쉬워졌다. 이전에는 설명하지 못했던 내용을 이제는 소그룹에서 다른 사람과, 그리고 직장 동료 중 한 사람과 나눌 수 있게 되었다. 이 모두가 그의 소외감을 줄여주었고, 출근과 교회 출석과 친목 행사에 참석하는 일을 도와주었다.

앤디가 자신의 정체성을 기억하도록 돕기

브라이언은 앤디에게 책을 같이 읽자고 제안했다. 우울증에 대한 기독교적 관점을 제공하는 책이었는데, 처음에는 앤디가 독서를 너무 힘들어해서 브라이언이 오디오북을 제공했다. 그들은 한 번에 짧은 분량을 읽고 그에 대해 토론했다.

앤디에게 특별히 도움이 된 두 가지가 있는데, 하나는 우울증에 영향을 미치는 다양한 요인이다. 앤디는 복음의 렌즈를 통해 자신이 하나님의 형상으로 지음 받았으나 타락한 세상에 사는 존재임을 알게 되었다. 그는 자신 역시 다른 사람과 마찬가지로, 자신의 죄된 본성과 육체 안에서 일어나는 여러 가지 일로부터 얼마나 큰 영향을 받았는지 비로소 보았다. 그래서 앤디는 자신의 우울증에 얼마나 다양한 요인이 얽혀 있는지 인식하게 되었다. 두 번째는 우울증을 잃을 때 일종의 악순환이 작동한다는 개념이다. 즉 기분이 낮아지면 사회적 상호작용이 감소되고 그로 인해 기분이 더 나빠지는, 그런 식의 순환이 계속된다는 것이다.

하지만 정말 강력한 전환점이 된 것은 우울증에 작용하는 영적 역학에 대한 브라이언과의 대화였다. 브라이언이 앤디의 경험이 분명하게 담긴 시편을 보여 주자 앤디는 놀라고 말았다. 어떻게 이전에는 이를 전혀 눈치채지 못했을까? 하나님은 성경에 공포와 수치심과 죄책감과 절망과 씨름하는, 마치 자신과 같은 신자의 고백을 포함시키셨다. 이는 정말 큰 차이를 만들어냈다. 이 사실이 무엇도 즉시 고쳐 주지는 않았으나, 그의 경험에 일종의 타당성을 제공했다. 처음으로 앤디는 그가 경험하는 감정에 대해 하나님께 말하고 그분께 도움을 구할 수 있을 것처럼 느꼈다.

브라이언은 또한 앤디에게 고난과 갈등과 관련된 구약 성경의 몇몇 이야기를 찾아보라고 격려했다. 그들은 룻기를 같이 읽었는데, 앤디는 버림받고 절망을 느꼈던, 그렇지만 하나님이 놀라운 일을 이루신 한 여성의 이야기에 충격을 받았다. 나오미는 며느리가 낳은 아이가 얼마나 중요한 인물인지 몰랐겠지만 우리는 안다. 그리고 가장 깊은 역경 가운데서 하나님은 비밀스러운 방법으로 일하시고 계신 것을 보도록 도와 주었다.

앤디가 브라이언과 함께 말씀을 읽고 대화했던 시간은, 궁극적으로 그에게 극심한 고난이나 절망이 곧 하나님께 버림 받았다는 의미가 아니라는 확신을 심어 주었다. 신자는 종종 가장 어두운 골짜기를 지나지만 시편 23편 말씀처럼 하나님은 그 순간에도 여전히 그들과 함께 계신다. 그리고 바로 거기서 위로가 임한다. 앤디는 자신도 우울증을 앓는 중에도 믿음을 보임으로써 하나님을 영화롭게 할 수 있다는 사실을 깨달았다. 그것이 그에게 소망을 주었다.

앤디가 정진하도록 돕기

가장 최악의 어둠이 약해지고 몇 줄기 빛이 어둠을 뚫고 비치기 시작했을 때 앤디는 자신의 경험을 조금 돌아보았다. 그는 자신이 '정상'으로 되돌아가려던 것이 아니었음을 깨달았다. 이 시련의 시간을 통해 하나님이 그에게 가르치신 것이 있었다.

한 가지는 자기 스스로 모든 것을 충족할 수 있다는 자기 충족감에 대한 가르침이었다. 그는 자신의 현실 대처 능력에 자부심을 느꼈다. 이 말은 그가 다른 사람과 그만큼 거리를 유지했다는 뜻이다. 그러나 이제 변했다. 그는 브라이언에게 받은 지원과 자신의 한계에 대해 깨닫고 교회가 어떠해야 하는지 새로운 감각을 얻었다. 만일 우울증이 닥치지 않았다면 그가 과연 이런 일을 이해하게 되었을지 확신할 수 없었다.

다른 한 가지는, 예수님의 성품 중에서 이제 앤디에게 더 깊은 의미를 가지게 된 것이 생겼다. 브라이언은 다른 이들 긍휼히 여기며 인내했는데, 그가 보여 준 돌봄은 깊고도 한결같이 충실했다. 앤디는 이런 모습이 그리스도의 반영인 것을 깨닫고 자신도 이런 성품을 더 많이 드러내고 싶다는 소망을 품었다.

물론 이런 삶의 이야기는 다른 길을 택할 수도 있다. 앤디의 우울증이 거두어지지 않을 수도 있다. 앤디의 사례는 우울증과 오랜 기간 씨름하는 경우가 될 수도 있다.

이는 또 다른 어려움을 야기할 것이다. 교회에게는 장기적으로 앤디를 돌보아야 한다는 책임감을 일으킬 것이다. 곧 그들이 어떤 변화를 일으키지 못하는 것처럼 보이는 상황에서 사랑과 돌봄을 제공하고 소망과 위로의 말을 전해야 한다는 뜻이다. 그것은 또한 앤디가 '좋아지기'까지 기다리는 것이 아니라, 우울증이 압박하는 동안에도 그가 공동체 생활과 예배에 참여할 수 있는 방법을 찾아야 한다는 도전을 직면하게 한다. 그러한 변화는 앤디의 성숙의 일부가 될 것이며, 그에게만이 아니라 그리스도의 몸 전체, 곧 더 넓은 공동체에도 정결하게 다듬어지는 유익을 가져다줄 것이다.

실제적인 자원으로 앤디를 돕기

가장 바닥을 쳤을 때, 앤디는 거의 아무것도 할 기운이 없었다. 대화조차도 감당하기 어려웠다. 그럴 때는 앤디를 위해 차량 운행을 한 일이 그를 공동체와 연결하는 데 결정적인 역할을 했다. 브라이언은 또한 앤디와 함께, 자해 충동이 감당할 수 없을 만큼 심해질 경우 실행할 수 있는 안전 계획을 사전에 약속해 두었다.

우울증에 관한 독서가 부담스러웠을 때 오디오북이 도움이 되었던 것처럼, 오디오 성경도 도움이 되었다. 다른 사람이 우울증으로 고생했던 방식에 대한 독서 해설도 도움이 되었다.

앤디는 또한 브라이언이 자신을 교회 건물 보수 작업에 참여하도록 도와주었던 일에도 깊이 감사했다. 그는 자신이 쓸모있는 사람이라고 느꼈고, 봉사에 참여하여 뿌듯함을 느꼈는데, 이는 곧 대화가 필요 없는 상황에서도 다른 사람과 함께 있을 수 있다는 뜻이다.

한 해 혹은 그 이상의 시간이 지났다. 앤디는 우울증이 어떤 느낌이었는지 정확히 떠올리기 어렵지만, 다른 사람이 지원해 준 방식은 분명히 기억한다. 그리고 바로 그 경험을 통해 이전에는 자연스럽게 느껴지지 않았던 인내와 돌봄을 다른 사람과의 상호작용 속에서 실제로 보여 주는 법을 배웠다. 앤디는 이 경험과 가르침을 결코 잊을 수 없을 것이다.

14.
중독에 대한 사례

기껏해야 가끔 교회에 출석하는 시오반 같은 사람을 알 것이다.

그녀의 삶은 혼란스럽다. 과거에서 현재까지 경험한 학대로 얼룩져 있고, 그녀는 고통을 잊을 수 있다면 무엇이든 돈이 되는 대로 시도한다. 매일 술이 곁에 있고, 그녀의 아파트는 빈 술병과 비닐봉지가 뒹군다. 어떤 날은 대마초, 그리고 운이 좋거나 구걸하거나 가족이나 친구에게서 빌리거나 심지어 훔쳐서 생긴 돈이 있을 때는 헤로인까지 손댄다. 그러나 술에 취하지 않을 때는 하나님의 말씀을 읽거나 기도하기를 좋아한다. 술을 끊어 보려고 수없이 시도했지만 늘 성경 말씀보다도 술이 더 센 것 같다. 사람들 대부분이 오래전 그녀를 포기했다.

당신의 교회는 어떻게 그녀와 동행할 수 있을까?

시오반 이해하기

시오반과 같은 사람은 그녀를 만난 이에게 강한 감정적 반응을 일으키고는 한다. 어떤 사람은 분명히 너무나 '망가진' 하나님의 형상에 대한 긍휼의 마음으로 넘쳐 흐른다. 어떤 사람은 하나님이 그녀를 도우실 수 있다고 확신하지만 개인적으로 관여하기를 원하지 않는다. 어떤 사람은 종종 가장 큰 목소리를 내는데 시오반을 더 이상 도울 필요가 없다고 생각한다. 그녀는 스스로에게 가장 큰 해를 끼치며, 교회는 자기 자신을 도우려 하지 않는 사람에게 자원을 낭비해서는 안 된다고 주장한다.

하나님은 다른 눈으로 그녀를 바라보신다. 그녀의 인생은 혼란스러울 수 있지만 그녀는 믿음을 가진 사람이다. 그녀는 은혜를 넘치게 받은 사람이다. 하나님은 그녀를 사랑하신다. 그녀는 용서받고 자유로운 하나님의 자녀이다. 주님은 그녀로 인해 즐거이 노래 부르며 기뻐하신다(습 3:17). 분명히 하나님은 그녀의 중독과 그녀의 삶에 많은 변화가 필요하다는 사실을 아신다. 그러나 그것이 하나님의 자녀이며 그리스도의 몸에 없어서는 안 될 지체라는 사실을 바꿀 수 없다. 그녀는 고군분투하고 있지만, 그녀는 여전히 사랑 안에서 선택받고, 그 대가로 다른 사람을 사랑하도록 부름을 받은 성도이다.

이야기를 더 이어가기 전에, 시오반의 삶에 있는 선한 면을 잠시 돌아보는 일이 중요하다. 그녀는 하나님의 말씀을 사랑한다. 그녀는 성경을 잘 알고 있다. 그리고 그녀는 기도로 하늘 아버지께 곧바로 나아간다. 회개하거나 또 그녀를 가장 잘 아시는 분이 필요하다고 인정하는 데 그녀는 조금도 주저함이 없다. 복잡한 인생 가운데서도 예수님을 따르고자 하는 열망이 있다. 그녀는 습관적인 중독을 깨끗이 씻으려 노력해 왔다. 그녀는 중독이 아무런 문제가 아니라고 믿는 그런 사람이 아니다. 그녀는 중독으로부터 자유로워지기를 간절히 바란다. 가끔 그녀는 교회에 간다. 그리고 그녀는, 적어도 취하지 않은 날에는 예수님처럼 되기를 바란다.

그녀가 이토록 괴로움 가운데 놓인 것은 놀랄 일이 아니다. 그녀의 인생은 고통의 연속이었다. 어린 시절 가족과 친구에게 학대를 받았고, 반복해서 구타당하고, 성폭행당하고, 언어 폭력을 당했다. 학교에 가야 한다고 말해 주는 사람도 없었고, 자기 이름이 적힌 자격증도 없다. 그녀는 열 살 때 연상인 이복 형제에게 처음으로 마약을 받았고, 십 대 초에 중독자가 되었다. 처음에는 자신의 선택이 아니었지만, 수년간 마약을 복용하며 지금은, 마약이 몸에 끼친 폐해가 매우 심각하다. 금단 증상은 말할 수 없을 만큼 고통스러워서, 그녀가 마약을 중단할 때마다 그 증상은 감당하기 어려운 벽이다.

그녀는 여전히 학대를 받는 환경 속에 살고 있다. 남편은 한순간 사랑을 퍼붓다가, 다음 순간에는 폭력을 행사한다. 그의 폭력으로 인해 육체적 정서적으로 거의 끊임없는 고통 속에 있다. 남편 외에는 그녀 곁에 아무도 없다. 친구들 대부분은 그녀가 겪는 고통스러운 이야기를, 혹은 돈을 빌려 달라는 요구를 소화할 수 없다.

시오반이 그동안 살아오며 매우 어리석은 선택을 했다는 점은 부인할 수 없는 사실이다. 그녀는 여전히 자기 삶의 근본적인 문제를 직면하기보다 그 엄청난 고통을 마비시키는 길을 택하고 있다. 때때로 그녀의 행동은 지혜롭지 못할 뿐 아니라 범죄였고, 그것은 그냥 잘못된 것이다. 절박할 때 그녀는 가족에게, 이웃에게, 혹은 들어줄 만한 누군가에게 거짓말을 한다. 주님께 등을 돌리고 의도적으로 하나님의 뜻을 벗어나는 순간도 있다. 많은 주일, 교회보다 술 마시기를 더 우선했다. 우리는 이런 일을 결코 용납할 수 없다.

하지만 이렇게 하나씩 펼쳐 놓고 보면, 시오반을 향해 처음 즉각적으로 가졌던 판단보다 훨씬 입체적인 시선으로 그녀를 보게 된다. 그녀는 오직 죄인인 것만이 아니다. 괴로움 가운데 있는 사람인 것만도 아니며, 모든 면에서 성자인 것도 아니다. 그녀는 그 모두가 뒤섞인 한 존재이다. 그것은 우리도 마찬가지이다.

시오반과 더 넓은 세상

시오반은 의사부터 경찰까지 그녀를 잘 아는 전문가 집단을 곁에 두고 있을 가능성이 높다. 그녀는 병원에 자주 드나드는 단골 환자인

데, 그녀의 건강은 수년째 악화되고 있다. 그녀는 금단을 시도하며 지역 정신과 외래를 여러 번 찾았고, 항우울제와 안정제는 물론 메타돈도 복용해 왔다. 심리 치료, 최면 요법, 마음 챙김, 인지 행동 치료(CBT) 등 수많은 방법을 시도했다. 그녀는 익명의 알코올 중독자 모임(AA)과 마약 중독자 모임(NA)을 포함해 여러 그룹 치료에도 참여한 경험이 있다. 그러나 지금은 적극적으로 행해지는 치료가 거의 없는 상태이다. 모든 선택지를 이미 여러 차례 거쳤고, 이제는 단지 모니터링만 받고 있다. 사람들 대부분은 그녀의 이야기가 결국 좋지 않게 끝날 것이라고 생각한다.

이웃들은 그녀를 요주의 인물로 본다. 동네 아이들은 그녀를 웃음거리로 삼는다. 그녀와 술을 마시거나 마약을 하는 무리가 있는데 그녀는 가끔 그들을 친구처럼 느끼기도 하지만 싸우는 날이 더 많다. 사람들은 그녀가 매력적이기는 하지만 함께하기는 힘든 사람이라고 생각한다.

교회는 긍휼을 가득 품고서도, 시오반을 어떻게 실제로 도울 수 있을지 모를 수 있다. 그리고 분명히 해야 할 중요한 점, 그녀가 술과 마약을 끊으려는 시도를 다시 한다면, 의사의 감독하에서 금단 과정을 다루어야 한다. 하지만 그럼에도 불구하고, 교회가 할 수 있는 일은 여전히 매우 많다.

인식을 높여 시오반 돕기

시오반은 폭력, 술, 마약과 함께 성장했다. 그녀는 그것이 얼마나 위험한 덫인지 더 알 필요가 없다. 그녀가 전문가이다. 그녀와 어울렸던 사람들 대부분이 마약 복용자이기 때문에 그녀는 자신에게만 문제가 있다고 착각하지 않는다. 하지만 교회 안에서는 자신이 유일한 문제적 존재처럼 느껴진다. 이것이 그녀가 교회를 피하는 가장 큰 이유이다.

시오반은 예수님이 '죄인의 친구'라는 사실을 분명히 알고 있다. 그러나 교회는 선하고 존경할 만한 사람만 모이는 곳이라고 느낀다. 그녀가 보기에, 자신은 주일 아침 예배 자리에 어울리지 않는다. 그리고 예배에 참석할 때면, 사람들이 자신을 업신여길 거라는 두려움에 사로잡힌다. 책은 그다지 도움이 될 것 같지 않다. 독서는 결코 그녀의 습관인 적이 없다. 그래도 시오반은 예배 시간에 드려지는 공동 기도에 아주 진지하게 귀를 기울인다.

그런데 어느 주일에 눈을 감고 있는데 갑자기 심장이 뛰었다. 대표 기도자가 이렇게 구했다. "아버지여, 우리 성도들 가운데 분노, 학대, 중독으로 고통을 받는 사람에게 복 주시옵소서."

정말일까? '성도들 가운데 모든 사람들.' 그 말이 정말일까? 이 교회에 정말 여러 중독자가 있을까?

예배를 마치고 그녀는 목회자에게 다가가서 "얼마나 많은 중독자가 이 교회에 출석하나요?"라고 물었다. "아주 많습니다."라는 대답이 돌아왔다. 어떤 사람은 술과 마약에, 어떤 사람은 도박이나 음란물에, 어떤 사람은 인정과 통제라는 독성의 유혹에 중독되었다.

시오반은 미소를 지었다. 그녀가 혼자가 아니라니 격려가 되었다. 그녀는 언급된 중독이 다양하다는 사실에 관심이 생긴다. 우리 중 대다수가 자신이 필요로 하는 것을 주리라 기대하는 대상을 향해 채워지지 않는 갈망을 가지고 있다. 이를 인정하는 것은 옳다. 시오반은 목회자가 이를 알고 있다는 사실에서 격려를 받는다. 누군가가 중독자를 위해 교회에서 드린 한 번의 기도 덕분에 그녀는 갑자기 새로운 소망을 얻고 주일에 조금 더 교회에 출석하게 되었다.

교회에 계속 출석하면서, 그녀는 변화를 돕는 성경 공부 과정이 곧 시작된다는 사실을 알게 되었다. 인도자는 정기적인 참석이 중요하다고 강조하며, 매주 시작 한 시간 전에 전화를 주기로 약속했다. 인도자는 또한 그녀의 기대치를 현실적으로 조정했다. 몇 주간 성경의 관점으로 자기 마음을 들여다본다고 해서 모든 것이 바뀌지는 않을 것이다. 그러나 어느 정도의 변화는 가능하다. 그녀는 그것을 한번 시도해 보기로 했다.

시오반이 관계를 맺도록 돕기

그녀는 수년간 여러 관계를 소진시켰다. 과거에 도움을 주려 했던 몇몇 교인은 지쳤거나, 빌려준 돈을 돌려받지 못했다. 시오반은 부끄러움을 느끼고 그들을 다시 이용하지 않기 위해 조심했다. 그러기에 경계선은 중요하다. 누구도 그녀에게 돈을 빌려주지 않을 것이며, 누구도 모임에서 가방을 아무렇게나 방치하지 않을 것이고, 누구도 그녀를 일대일로 만나지 않을 것이고, 관련된 모두의 안전을 위해 언제나 둘씩 만날 것이다.

그들은 시간, 에너지, 자원에 대해 경계선을 정하겠지만, 사랑과 은혜에 대해서는 어떤 경계선도 없을 것이다. 시오반은 그리스도 안에서 자매이며, 그녀는 친절과 돌봄이 절박하게 필요한 상태이다.

여섯 명으로 이루어진 소그룹이 그녀를 돕기로 했다. 그중 둘은 소그룹 리더이다. 두 사람은 걷기, 쇼핑, 대화와 재미 등 그녀와 '일상'을 함께할 것이다. 그녀와 기도도 같이 할 것이다. 그들은 시오반이 자주 주님께 솔직하게 나아가며 기도에 대해 더 많이 배우기를 기대하고 있다. 다른 두 사람은 실제적인 도움을 줄 것이다. 시오반에게 그들의 계획을 강요하지 않으면서 그녀가 주거, 재활, 지역 푸드뱅크 접근 등의 문제를 탐색하도록 기꺼이 도울 것이다.

그들 가운데 어떤 사람은 수년간 시오반을 알거나 혹은 좋아했다. 그러나 어떤 사람은 이제 그녀를 조금씩 알아갈 것이다. 이 방식은 우정이 자연스럽게 자라는 방식보다 조금 인위적으로 느껴지지만 그러나 상황이 복잡하다는 것을 시오반도 이해한다. 그녀는 자신의 과거 행동으로 인해 교회가 신중하게 접근하려고 한다는 사실을 납득하고 있다.

소그룹 안에서 소통이 중요하다. 시오반도 잘 안다. 여섯 명이 일관된 돌봄을 제공하려면 서로 정기적으로 소통해야 한다. 왜냐하면 시오반은 과거에 사람들을 서로 이간질한 이력이 있기 때문이다. 그들은 또한 함께 모여 시오반을 위해 또 서로를 위해 기도하기를 원한다. 기도는 모든 목회적 돌봄의 기초이다. 이 관계가 비록 처음에는 약간 인위적으로 보일 수 있지만, 이를 점차 자연스럽고 진정성 있는 관계로 발전시키는 것이 중요하다. 여기서 목표는 친구를 자원봉사자로 만드는 것이 아니라, 자원봉사자가 점차 친구가 되도록 돕는 것이다.

시오반이 자신의 정체성을 기억하도록 돕기

시오반이 스스로와 자신의 세계를 그리스도의 렌즈를 통해 보도록 돕는 것보다 더 중요한 일은 없다. 그녀는 엉망진창으로 행동했는데, 자신은 엉망진창이라고 정말로 믿었기 때문이다. 그녀는 자해를 하고 또 상처받는 상황에 자신을 노출했다. 자신은 그런 대우를 받아 마땅하며 또 다른 대안이 없다고 믿었기 때문이다.

이 지점에서 거룩함에 대한 부르심을 강조하고픈 유혹이 있을 수 있다(나중에 분명 이를 다루게 될 테지만). 하지만 현재로서는 시오반에게 맑은 정신으로 지내라고 요구하는 것은 물고기에게 물에서 그만 나와서 땅에서 걸으라고 요구하는 것과 마찬가지이다. 이를 가능하게 하는 열쇠는 그리스도 안에서 자신이 자유를 얻도록 설계되었다는 사실을 그녀가 조금씩 인지하는 것이다.

그런데 시오반은 이미 그리스도인이 아닌가? 맞다. 하지만 그녀와 복음 사이에 어떤 틈이 있다. 그녀는 자신이 용서받은 것을 안다. 그녀는 천국을 고대한다. 그러나 그녀는 복음이 지금 그녀를 어떻게 바꾸는지 이해하지 못한다.

친구들은 요한복음 4장에서 예수님이 우물가에서 만나신 여성에 대해 이야기했다. 시오반은 지난 수년간 그 이야기를 사랑했다. 그들은 시오반이 경청하는 것을 보고 무엇 때문에 그 이야기를 그렇게 사랑하는지 물었다. 그녀는 이렇게 대답했다. "주변 모든 사람이 엉망진창이라고 생각하는 누군가와 예수님이 대화를 하셨다는 사실 때문이에요."

친구들은 그녀가 이 이야기의 마지막 부분을 묵상해 보도록 격려했다. 이 여성이 예수님과 대화한 것은 어떻게 공동체와의 관계를 변화시켰는가? "그들을 다시 하나로 묶어 주었어요!" 그것이 우리의 목표이다. 시오반이 예수님을 인격적으로 만나 자신이 그분의 소유임을 알고, 확신 속에서 자신도 달라질 수 있다는 소망을 품고, 교회 가족과 이웃에게 돌아갈 마음이 생기게 하는 것.

그 목표를 잘 이루기 위해, '지금 이 순간에도 예수님이 어떻게 일하고 계시는지' 시오반이 더 깊이 생각하는 시간이 필요할 것이다. 그녀는 주님이 함께하시며 사랑하시며 용서하시는 것을 안다. 그러나 예수님이 그녀를 어떻게 인도하시고, 변화시키시며, 보호하시는지 묵상한 적이 거의 없다.

시편 23편은 이 여정을 시작하기에 안전한 곳이다. 몇 달에 걸쳐 친구들은 목자와 함께 삶을 사는 것이 어떤 의미인지 그녀가 탐험하도록 도왔다. 보호는 어떻게 나타날까(특히 학대를 당하는 사람에게)? 공급은 어떻게 나타나며 하나님은 어떻게 공급하실까? 하나님은 그녀를 어떻게 인도하실까? 어디로 그녀를 이끄실까? 거기에서 그녀의 책임은 무엇일까?

각각의 대화는 몇 분에서 두 시간까지 길이가 달랐다. 어떤 때는 한 주에 두 번 있기도 했다. 어떤 때는 시오반이 잠시 '잠적할' 때도 있었다. 그러나 그녀는 조금씩 예수님을 아는 것만이 아니라, 그분을 따르는 일이 얼마나 아름다운지, 성령님이 매일 그녀가 그렇게 할 수 있도록 도우신다는 확신 가운데 나아갈 힘을 얻었다.

시오반이 정진하도록 돕기

수치심이라는 주제는 자주 등장한다. 그녀는 자신이 행한 일에 대해 하나님께 용서받은 사실을 안다. 그러나 여전히 타인에게 당한 일에 의해 자신이 더럽혀졌다고 느낀다. 학대는 흉터라는 유산을 남긴다. 어쨌든 언제나 학대자의 더러운 오물이 영혼에 남아 있는 것처럼 느껴진다.

그녀는 한 가지 생각을 바꾸기로 했다. "너는 언제나 엉망일 거야." 하는 생각이다. 이 생각은 그녀의 목자가 바라보시는 방식이 아님을 그녀도 안다. 이 생각이 들 때마다 그녀는 재빨리 이런 생각은 성경이 하는 말씀과 다르다는 사실을 떠올린다. 시오반은 하나님께 자신을 다르게 볼 수 있도록 도와달라고 기도한다. 그녀가 스스로를 엉망진창인 존재로 여기며 행동할 때 그런 순간을 용서해 달라고 구한다. 그리고 지금까지 살아오는 동안 학대한 남성들이 그녀에 대해 한 말들을 믿지 않게 해 달라고 기도하는 시간을 갖는다. 그녀는 에베소서 1장, 니함께 디살의 이야기, 그니고 다른 본문들을 읽는다. 그녀는 성령님의 인격과 빌립보서 1장 6절의 약속 안에 거한다.

"너희 안에서 착한 일을 시작하신 이가 그리스도 예수의 날까지 이루실 줄을 우리는 확신하노라"(빌 1:6).

도움을 받는 가운데 그녀는 예수님이 죽으시고 부활하셨을 때 죄의 권세를 깨뜨리셨다는 것이 무슨 뜻인지, 곧 우리가 저지른 죄만이 아니라 죄의 권세가 우리에게 저지른 일도 포함한다는 것이 무엇인지 깊이 탐구한다. 그리고 자신이 용서받고 자유롭다는 사실을 보면서 서서히 새 사람을 입는다.

여기에 장밋빛 거울은 없다. 자신이 언제나 엉망일 것이라는 생각을 벗어 버린다고 해서, 자신이 괜찮다는 환상이 그 자리에 들어가지는 않는다. 그러나 소망이 들어가고 있다. 하나님은 변화의 하나님 이시며 변화는 실현 가능하다.

실제적인 자원으로 시오반을 돕기

시오반은 친구들과 함께 요리하는 시간을 좋아한다. 시간을 내기만 하면 그녀는 사실 훌륭한 요리사이다. 그녀는 병원 내원을 위해 이동을 도와주는 친구들에게 고맙다. 덕분에 정신과 의사를 더 규칙적으로 만나게 되었고, 다시 중독에서 벗어나려고 노력할 수 있지 않을까 하는 생각이 들기 시작했다.

연로한 교인 한 분 있는데 시오반은 다른 친구들과 함께 그 집 주변의 잡초 제거를 돕는 모임에 참여했다. 지난 수년간 그녀가 다른 사람을 섬긴 것은 이번이 처음이다. 시오반은 그 일을 통해 목적의식을 느꼈고, 함께 꺄르르 웃으며 작업하는 것도 좋았다. 그녀는 사람들과 함께하는 시간이 안전하며, 야외활동이 즐겁다는 사실을 새삼 깨달았다. 그리고 자신이 벌레를 약간 무서워한다는 사실도 알았다. 이 세 가지 모두로 인해 그녀는 더할 수 없는 행복을 느꼈다.

우리가 도움을 준 걸까? 시오반은 여전히 중독자이다. 그녀는 여전히 학대적인 관계 안에 있다. 수년의 시간을 들이며 교회는 그녀가 그 둘로부터 벗어나 자유를 얻도록 도울 수 있을 것이다. 그러나 그녀는 이미 놀라운 성장을 경험하고 있다. 교회 공동체와 더욱 많이 연락하고, 하나님을 더 선명하게 바라보고, 자신을 더욱 성경적으로 본다. 그리고 그리스도 중심의 변화에 대한 실제적인 가능성을 맛보고, 봉사를 통해 목적의식을 즐기기 시작했다. 앞으로의 여정이 직선으로 뻗어나가지는 않겠지만(그 누구에게도 그렇지 않다.), 그녀는 상승 궤도에 있다. 그리고 그리스도 안에서 그녀가 학대와 술 없이 살아갈 가능성은 참이다.

15.
정신증에 대한 사례

가끔 우리는 벤과 같은 사람을 만난다.

그는 20대 초반부터 병을 앓기 시작했다. 그때부터 환청이 들리고 현실 감각이 약해졌다. 부모님은 여전히 그를 지지하며, 교회에 함께 가서 예배를 드린다. 하지만 가끔은 엄청나게 힘들다. 정신증적 증상이 심해지면 벤은 자신이 다시 성육신하여 새로운 계시를 전달할 예수라고 확신했다. 증상이 약화될 때에도 그는 생각을 정리하고 현실 감각을 찾는 데 여전히 어려움을 겪는다. 약을 복용하면 도움이 되지만 부작용이 있어서 약 복용을 주저한다.

교회에서는 가만히 앉아 있는 것이 힘들어 예배실 뒤쪽에서 왔다 갔다 하고, 담배를 피우면서 밖에서 서성대다가 들어온다. 벤은 가끔 소그룹에 참여하지만 자신을 표현하기가 어렵다. 자신이 나눌 차례가 되면 망상적인 신념을 부적절하게 표현하고, 나머지 시간에는 마치 생각이 딴 데 있는 사람처럼 산만한 시선으로 앉아 있다. 사람들은 그를 사랑하기 원하지만 어떻게 해야 할지 모른다.

벤 이해하기

우리의 교회에는 정신증으로 고생하는 사람을 직접 돌본 경험을 가진 사람이 매우 적을 것이다. 정신증이 모두 그렇게 드문 일은 아니다. 조현병은 보통 인구의 1퍼센트에게 영향을 미친다. 정신증적 증상은 또한 양극성 장애, 산후 정신증, 심각한 우울증과 같은 조건에서도 발병한다.

정신증은 더 심각한 형태의 몇몇 정신증적 질병을 서술하는 데 사용되는 용어이다. 사람들이 이 병의 영향을 받는 방식에는 상당한 차이가 있다. 그러나 현실에 대한 왜곡된 인식이 일반적으로 정신증의 핵심적인 특징이다. 여기에는 사고의 왜곡과 인식 장애가 모두 포함된다.

망상은 합리적인 판단에 반해 고수되는 잘못된 믿음이다. 벤의 경우에는 자신이 예수라고 믿거나, 하나님이 TV 프로그램에 감추어진 비밀 신호를 통해 자신과 소통한다고 믿는다. 그가 상태가 가장 좋지 않을 때, 그는 사탄이 경찰과 의료진을 통해 그를 시험하고 자신의 사역을 완수하지 못하도록 중단시키려 한다고 믿는다. 이런 망상은 종종 그가 반드시 받아야 할 전문적인 도움을 받지 못하게 방해하기도 한다.

인식 장애는 환각의 형태로 나타난다. 이는 실제적인 외적 사건과 일치하지 않는 지각 경험이다. 벤의 사례에서는 일반적으로 그가 환청을 듣는 것과 관련된다. 그에게는 그것이 머릿속에서 들리는 목소리가 아니다. 사람들이 실제로 그에게 말할 때처럼 들리는데, 환청은 자주 그를 모욕하고 천박한 언어를 사용한다. 환청은 그에게 위협과 두려움을 느끼게 한다. 또한 다른 어떤 일에 집중하는 것을 어렵게 한다.

선명한 생각을 하기도 매우 힘들다. 그의 생각은 자주 뒤죽박죽이다. 인식 장애를 파악하려 애쓰는 것만도 충분히 힘든데, 안개 낀 듯 정신이 흐릿하고 혼란스러울 때는 모든 것이 지나치게 벅차게 느껴진다. 그리고 종종 그는 산만해졌다는 정도가 아니라 자신만의 세계에 들어간 것처럼 보인다. 그리고 실제로 여러 면에서 그렇다.

증상이 심하지 않을 때도 벤은 주도성을 잃고 스스로를 관리하기 힘들어한다. 세탁, 면도, 옷을 깨끗이 유지하는 것과 같은 기본적인 일이 그에게는 너무 버겁다. 헝클어진 머리 상태는 자신과 다른 사람을 가로막는 장애물이다. 일상의 습관을 지키는 것이 어렵다. 그리고 이는 관계를 무너뜨릴 뿐만 아니라 직업을 유지하지 못하게 방해한다.

사고의 왜곡과 인식 장애는 그를 불안하게 한다. 상황을 차분하게 가라앉히는 데는 흡연이 약간의 도움을 준다. 사실 벤은 줄담배를 핀다. 술은 분명히 그의 불안을 완화시켜 준다. 그리고 가끔은 상황을 견디기 위해 마리화나나 다른 질 나쁜 마약을 사용하기도 한다.

마음이 좀 더 안정된 시기에는, 교회 활동에 참여하려는 열의가 있으며 예수님에 대한 분명한 신앙과 확실한 신뢰를 표현한다. 벤의 소그룹은 정말 그에게 관심을 기울이며 소그룹 활동에 그를 참여시키는 것을 분명한 우선순위로 삼는다. 그러나 그들도 어떻게 그를 가장 잘 도울 수 있을지 조금도 확신하시 못한다.

벤과 더 넓은 세상

벤은 정신건강 서비스를 10년 가까이 이용해 왔다. 그가 보통 한 달에 한 번(증상이 심할 때는 더 자주) 만나는 정신과 간호사가 있다. 항정신증 약 처방이 필요할 때는 정신과 의사를 방문한다. 그동안 그는 여러 약을 시도해 왔다. 중증 병동의 의료진은 그가 수년간 여러 차례 입원했기에 그를 잘 안다. 정신증적 증상이 극심할 때, 이는 벤에게 매우 두려운 경험일 수 있다. 그 당시에는 표현할 수 없겠지만, 입원은 어떤 면에서 일종의 안도감을 주기도 한다. 그런 의미에서 입원은 일종의 도피처이다. 특히 벤의 증상이 급격하게 나빠질 때 매우 충격을 받을 수 있는 고령의 부모에게는 분명히 그렇다.

급격히 나빠지는 시기에, 벤이 자신을 돌보지 못하는 모습은 그가 받는 대우에 영향을 미친다. 교회나 그가 다니는 지원 센터 사람들은 그의 흐트러진 외모를 너그럽게 넘길 수 있지만, 다른 환경에서는 사람들이 그를 피하거나, 손가락질하며 수군댄다. 벤도 이를 인식하고 있다. 이런 일은 그의 피해망상을 더욱 부추긴다.

인식을 높여 벤을 돕기

지난 몇 년간 벤의 교회에서는 그의 어려움에 대한 인식이 꾸준히 성장해 왔다. 우선은 그의 소그룹을 중심으로 일어났다. 그들은 그 지역의 그리스도인 정신과 의사와 만나 조현병과 벤의 증상이 주변 사람에게 미칠 수 있는 영향력에 대해 약간의 배경 정보를 제공받았다. 소그룹 리더는 후속 조치로 정신증 진단을 받은 사람을 후원하는 자선단체 대표를 방문해서 만났다.

정신과 의사는 벤의 소그룹이 혼란스러워할 때 그들 스스로 방향을 잡을 수 있도록 돕는 뼈대를 제공했다. 자선 단체 방문은 벤이 앞으로 전진할 수 있도록 지원하는 최고의 방법에 대한 실제적인 질문들에 답을 주었는데, 특별히 큰 도움이 되었다.

이 만남을 통해 소그룹은 더 심각한 형태의 정신적 질병에 대해 교육하는 교회 차원의 모임이 가능할지 교역자에게 물어볼 자신을 얻었다. 그들은 벤의 사생활을 존중하는 데 주의를 기울였고, 벤이나 그의 가족을 직접적으로 언급하는 어떤 말도 회피했다. 그러면서 교회의 여러 사람이 정신증을 앓는 사람을 돌보았던 개인적인 경험이 있음을 알게 되었다. 이전에 출석했던 교회에서 경험했거나 가끔은 그들의 가족에게 영향을 끼친 질병을 통해서였다. 이런 공유는 이런 종류의 어려움이 생각만큼 드문 일이 아니며 이런 어려움을 겪는 사람을 지원할 만큼 기술과 경험을 가진 사람이 교회에 있다는 사실을 확인해 주었다.

벤이 관계를 맺도록 돕기

이런 모임은 미지의 증상에 대한 우려로 벤에게 손을 내밀지 못했던 사람들이 두려움을 극복하도록 도왔다. 그들의 기대는 현실적이 되었고, 사람들은 작은 친절이나 대화로도 벤에게 쉽게 다가갈 수 있음을 알게 되었다. 벤을 가만히 있을 수 없는 사람이라거나 그를 위험한 인물로 바라보는 대신, 사람들은 벤을 향해 더 큰 연민을 느끼고 표현할 수 있었다.

기대를 낮추는 것 또한 도움을 주었다. 짧은 대화도 교회에 대한 벤의 소속감을 넓히는 데 중요한 공헌이 될 수 있음을 알게 되자, 더 많은 사람이 주일에 벤과 교제할 수 있다고 생각하게 되었다.

소그룹 역시 벤과 교제하는 방법을 재정비했다. 그들은 벤이 장시간 모임에 앉아 있기가 거의 불가능하다는 사실을 알고서는 다른 계획을 세웠다. 저녁 교제 모임이 시작할 때 벤이 참석하기로 하면, 소그룹의 누군가가 벤을 데리고 나가 (날씨가 허락한다면) 산책을 하고, 돌아와 기도회 마지막 부분에 참여할 수 있도록 했다. 이런 방식은 저녁이 좀 더 긴 여름에 가장 쉬워서, 다른 계절에는 다른 계획을 생각해야 했다. 그러나 실행할 수 있는 계획을 세운 것은 좋았다.

벤이 속한 소그룹은 그가 교회에 유용한 사람이 되기를 바란다는 사실을 알았다. 하지만 일반적인 봉사 가운데서는 가능할 것 같지 않았다. 그래서 일주일 중 하루를 선택해 그날 아침 교회에 와서 건물을 관리하는 몇몇 실제적인 작업을 하는 것이 좋겠다고 제안했다. 또 주일 예배 후에 남은 주보를 모으는 작업이 언제나 필요했는데, 이 일은 월요일 혹은 화요일 어느 시간에든 마무리할 수 있어서, 벤이 자신에게 편한 시간에 와서 할 수 있었다. 보통 행정실 직원 가운데 한 사람이 그와 함께 일을 했는데, 그들은 일하며 다소 편안한 대화를 나눌 수 있었다. 아주 작은 방법이지만, 이 작업을 위해 규칙적으로 오는 횟수가 증가하면서 그가 파트타임 일을 시작하거나 찾을 때 필요한 기술을 익힐 수 있었다.

벤이 자신의 정체성을 기억하도록 돕기

그리스도 안에서 자신의 정체성에 대한 더 풍부한 인식을 갖는 것은 벤이 몇 시간 걸리는 성경 공부 심화 과정을 통해 자연스럽게 이루어질 법한 일이 아니다. 벤은 그리스도 안에서의 정체성을 '소속감'이라는 직접적인 경험을 통해 배웠다. 교인들이 그를 자신의 활동에 포함시키고, 그의 은사를 발견하고 이를 활용하려 애썼을 때, 벤은 자신이 소속되어 있다고 느꼈다. 그는 그리스도의 몸의 한 지체로서 존재하는 것이 무엇인지 경험했다. 벤은 그 경험을 신학적인 언어로 표현할 수는 없었지만, 관계 속에서 실현되고 있었다. 고린도전서 12장을 실제로 경험한 셈이다. 누구도 그에게 "우리는 네가 필요 없어."라고 말하지 않았고, 오히려 더 약한 지체로서 그를 '더욱 귀중히' 여겼다(고전 12:21-23).

또한 벤은 하나님의 백성에게 존중받는 경험을 통해 자신이 하나님께 소중한 존재임을 배웠다. 교회 공동체가 사랑과 존경을 담아 벤을 대했을 때(그가 다른 환경에서는 잘 경험하지 못했던 방식으로) 벤은 은혜와 사랑에 대해 배웠다. 그가 받는 사랑은 그리스도의 사랑을 드러냈고, 이를 통해 그는 그 사랑을 더욱 깊이 이해하게 되었다(요일 4:11-12).

벤이 정진하도록 돕기

하나님이 벤 안에서 이루신 배움과 성장은 작은 걸음들을 통해 이루어졌다. 어느 날, 모든 주보를 수거하고 나오자 교회 직원 한 사람이 벤에게 말했다. "무언가를 정돈하면 기분이 참 좋아지지 않아요? 그건 하나님이 혼돈이 아니라 질서의 하나님이시기 때문인 것 같아요." 벤의 삶(그리고 그의 정신적 사고 과정)의 많은 부분이 혼란스럽게 느껴지는 상황에서, 그 말은 그의 마음에 깊이 와닿았다. 자신의 삶이 아무리 혼란스럽게 느껴져도 하나님은 혼돈이 아니시라는 생각이 마음에 들었다.

어느 날은 소그룹에서 누군가가 '통제되지 않는 것에 대한 두려움'을 이야기하기에 놀랐다. 그 사람은 노부모를 돌보고 있었는데 최근에는 심각한 암 진단도 받았다. 그런데도 그는 "비록 지금 무슨 일이 일어나는지 이해할 수 없고 통제할 수도 없지만, 하나님은 이해하시고 통제하시기에 믿기로 결단했습니다."라고 말했다. 그 단순한 신뢰의 개념이 벤의 마음에 깊이 들어왔고, 이후로 벤은 자신 역시 상황이 통제되지 않아 두려움을 느낄 때 자주 그 말을 떠올렸다.

마지막으로, 벤의 주변 사람들은 그의 상태가 악화되고 있다는 신호를 알아차리고 그를 도울 수 있도록 많은 노력을 기울였다. 때로 약을 늘릴 필요가 있을 때, 너무 늦기 전에 도움을 구하고 벤이 이를 받아들이도록 설득하는 것은 정말 중요한 일이었다. 그리고 벤이 다른 사람을 신뢰하게 되는 것이 그 가운데 핵심이었다.

물론 언제나 순탄했던 것은 아니다. 예를 들어, 어린이 성탄 발표회에서 마리아 역을 맡은 여자아이가 입장하자 벤이 갑자기 "저건 우리 엄마야!"라고 소리친 일이 있었다. 또 한번은 여호와의 증인이 그의 집 문을 두드렸는데, 벤이 점점 격앙되어서 이상한 논쟁을 벌이기도 했다. 이런 일은 그 자신뿐 아니라 주변 사람이 그를 신뢰하는

데 있어서도 낙심하게 하는 사건이었다. 그러나 시간이 지나면서 사람들은 이런 일조차 함께 웃으며 이야기하게 되었고, 결국 교회 가족 이야기 가운데 기쁘고 소중한 일화가 되었다.

실제적 자원으로 벤을 돕기

벤이 규칙적인 일상을 세워 가는 데 여러 사람이 중요한 역할을 했다. 그를 소그룹 모임이나 주일 예배, 혹은 봉사하러 갈 때 데리러 가는 일이 항상 성공하지는 않았지만, 벤은 이전보다 훨씬 더 질서 있는 삶을 살게 되었다.

벤은 문서 작성과 재정 문제에도 도움이 필요했다. 적절한 지원금을 받으려면 필요한 서류를 제대로 작성해야 했는데, 벤은 늘 그 과정에서 도움이 필요했다. 언젠가 일자리가 하나 생겼을 때는 사람들이 그가 이력서를 작성하고 면접장에 갈 수 있도록 도왔다. 비록 그 일자리를 얻지는 못했지만, 벤은 자신이 사랑받는다는 사실을 알 수 있었다.

사람들은 벤을 위해 대변자 역할을 자청하며 그를 도왔다. 한번은 그가 쇼핑몰에서 소리를 질러 경찰에 연행될 뻔했는데, 교회 리더 한 사람이 때에 맞게 도착해 상황을 진정시키고 체포를 막았다. 또 사람들은 벤이 병원 진료를 받으러 갈 때 동행했고, 그가 새로운 주거지를 알아보는 과정도 도왔다.

벤이 교회에서 오랜 시간에 걸쳐 맺은 관계와 사람들이 그의 어려움을 점점 더 잘 이해하게 되었다. 덕분에 교회는 이제 몇 년 전에는 상상도 못 했을 방식으로 벤을 도울 수 있었다.

그리고 벤이 완전히 이해하지는 못하지만, 교회 친구들은 그에게 이렇게 말한다. 벤을 돌보는 것이 그들 자신에게도 유익하다고 말이다. 그들은 벤의 존재가 그리스도의 사랑과 교회의 중요성을 더 깊이 깨닫게 한다고 말한다. 벤에게 이 말은 추상적이고 쉽게 와닿지 않지만, 그들이 그 말을 따뜻하게, 진심으로 하는 것은 알 수 있다. 그리고 사람들이 정말로 시간을 들여 자신과 함께 있다는 것도 느낀다. 말로 설명하기는 어렵지만, 그건 그에게 좋은 느낌을 준다. 벤은 자신이 소속되어 있다고 느낀다.

16.
돌보는 이에 대한 사례

켈리를 기억하는가?

사랑스럽고 경건한 여성으로, 은사가 있고 겸손하며 친절하다. 젊은 여성이 일대일로 성경 공부를 하기에 딱 좋은 사람이다. 하지만 그녀는 지금 집에서 힘든 시간을 보내고 있다. 막내인 십 대 딸이 점점 눈앞에서 사라질 것만 같다. 딸이 왜 음식을 먹지 않는지 이해할 수 없고, 왜 팔에 상처를 내는지도 도무지 이해가 되지 않는다.

작년 이맘때만 해도 가족은 무척 행복했다. 식사 시간은 즐거웠고, 감정을 억누르지 않고 나눴다. 그런데 어딘가에서 무언가가 부서져 버렸다. 이제 켈리는 서서히 진행되는 딸의 자기 파괴 앞에서 무력감을 느낀다. 친구도 다른 누구도 어떤 도움도 되지 않는다.

켈리 이해하기

이번 장에서는 섭식 장애로 인한 갈등을 살펴보려 한다. 그러나 우리의 초점은 섭식 장애로 고통받는 이에게 어떻게 도움을 줄지에 있지 않다. 그보다는 교회가 그들의 직계 가족, 특히 거식증을 앓는 자녀의 어머니를 어떻게 도울지 살펴볼 것이다.

누군가를 돌보는 이를 돌보는 일은 정신건강 문제를 논의할 때 반드시 포함해야 할 중요한 항목이다. 정신건강 문제로 인한 장기적인 문제는 가까운 가족에게 상당한 부담을 안기기 마련이다. 사랑하는 사람의 사생활을 보호하고 싶은 마음과, 종종 동반되는 수치심은 가족을 극도로 고립된 상태로 내몰 수 있다.

그들이 어떤 상황을 겪고 있는지 주변 친구를 포함해 아는 사람이 아무도 없을 수 있다. 혹은 알고 있다고 해도, 무슨 말을 해야 할지 몰라서 여전히 아무런 반응이 없을 수도 있다. 종종 잘못된 말을 하지 않을까 하는 두려움이 우리를 침묵하게 한다.

슬프게도 교회는 많은 사람에게 가장 속마음을 말하기 어려운 장소로 여겨진다. 믿지 않는 친구가 오히려 그리스도 안에서 한 가족인 성도보다 더 공감하고 덜 정죄하는 것 같다. 교회가 왜 그렇게 느껴지는지 이해하고 이를 바꾸는 것은 매우 중요하다. 그럴 때 교회는 마땅히 되어야 할 서로를 지지하는 공동체로 자리매김할 것이다.

켈리는 늘 성공적인 삶에 익숙한 사람이었다. 양육은 그녀가 즐기고 또 큰 만족을 얻던 일이었다. 그래서 딸에게 식사 문제가 생겼을 때 그녀는 완전히 충격을 받았다. 몇 달간 그녀는 단지 사춘기의 한 과정일 뿐이라고, 까다로운 식습관도 곧 사라질 거라고 스스로를 설득했다.

하지만 변화는 그렇게 지나가지 않았다. 오히려 심해졌다. 딸은 더 많은 식사를 건너뛰었고, 그릇에 남는 음식도 많아졌다. 때로는 딸이 식사를 잘 마친 것 같아 안도했다가도 방 안에 몰래 숨겨둔 음식 찌꺼기를 발견하고는 절망했다. 처음에는 별일 아닌 척 넘기자고 마음 먹었지만, 점차 딸을 향한 긴 질문과 간절한 호소로 바뀌었다. 그러나 대화는 답답할 만큼 일방석이었다. 딸은 대부분 무심하게 단답형으로 대답했고, 대체 속마음이 어떤지 도무지 알 수 없었다.

켈리는 공부하기 시작했다. 거식증에 대한 책을 탐독했고, 이 병에 관련된 암울한 통계를 접하고는 큰 충격을 받았다. 거식증은 정신 질환 중 사망률이 가장 높은 질병이며 완치율은 30-40퍼센트에 불과하다는 것이다. 대부분은 수년간, 혹은 평생 섭식 장애에 시달리며 살아갔다.

깊은 고통 속에서 힘겨워하는 딸의 모습을 지켜보기가 너무도 괴로웠다. 그런데 이 말고도 켈리를 무너뜨리는 감정이 있었다. 비로 죄책감과 수치심이다. 엄마란 자녀를 먹이는 사람이다. 양육의 가장 기본이 바로 먹이는 일 아닌가? 그런데 켈리는 그 일을 해낼 수 없었다. 정확히 말하면, 딸이 그 일을 하게 두지 않았다. 그 사실이 그녀를 미치게 했다.

남편은 아무런 도움이 되지 않았다. 그는 이미 오래전에 모든 일에서 손을 뗀 상태였다. 어느 날 저녁, 식사 자리에서 남편이 쏟아낸 분노 가득한 폭언에 딸은 눈물을 흘렸고, 켈리도 분노가 폭발했다. 그 사건 이후, 남편은 이렇게 말했다. "도와주려는 내 의지를 꺾는 걸 보니 내가 끼어들기를 원치 않는 것 같군. 그렇다면 차라리 아무 말도 하지 않겠어." 그리고 그는 더 이상 아무 말도 하지 않았다. 지금도 그렇다. 켈리와 남편 사이의 거리는 너무나 멀어졌고, 계속해서 더 멀어지고 있다.

켈리와 더 넓은 세상

교회가 점점 더 고통스럽다. 켈리는 모든 사람이 무슨 일이 일어나는지 안다고 확신한다. 딸이 점점 말라가는 건 누구라도 보면 알 수 있다. 문제는, 분명히 '공개'된 것이나 마찬가지인데도 여전히 모두가 외면한다는 사실이다. 켈리는 사람들이 자신에 대해 수군거린다는 느낌을 받는다. 그러나 분명한 건, 그녀에게는 말하지 않을 것이다. 아무도 묻지 않는다. 아무도 기도해 주겠다고 하지 않는다. 마치 이 문제는 절대 입에 올려서는 안 되는 금기처럼 느껴진다.

딸이 가족과 함께 교회 가기를 거부했을 때, 켈리는 오히려 안도했다. 교회 사람들도 아마 마찬가지일 거라고 생각했다. 그래야 다들 아무 일도 없다는 듯 행동하기 쉬우니까.

그래도 딸의 학교는 관심을 보였다. 담임 교사가 연락해서 딸이 체중 문제로 힘들어 보인다고 했다. 마침내 누군가가 말을 꺼냈다는 사실이 켈리에게 위안이 되었다. 그러나 그녀는 문제를 축소하고 변명하고 그저 지나갈 거라고 두루뭉술하게 말했다. 교사는 그다지 설득된 것 같지 않았지만 더 따져 묻지는 않았다. 대신 아동·청소년 정신건강 시스템(CAMHS)에서 도움을 받을 수 있을 거라고 말했다.

그들과 연결되는 데는 한 달도 더 걸렸다. 담당자는 대기자 명단이 아주 길다고 말하면서 의사를 먼저 만나 보라고 제안했다. 검사를 위해 예약을 걸어 두었지만 언제가 될지 불분명했다.

물론 켈리라고 딸에게만 집중하며 모든 것을 내려놓을 수는 없었다. 그녀는 출근해야 했고, 돌보아야 할 다른 두 자녀가 있었고, 그녀의 부모님도 점점 쇠약해졌다. 그리고 이제는 결혼 생활마저 위태로웠다. 딸이 밥만 잘 먹어 준다면 모든 일이 훨씬 쉬워질 텐데. 켈리는 애써 내색하지 않으려 애썼지만, 때때로 화가 나기도 했다.

인식을 높여 켈리 돕기

마거릿(Margaret)의 등장은 지금 생각해도 그야말로 기적이다. 마거릿은 은퇴한 사회복지사로, 비교적 최근에 교회에 등록했지만 켈리는 이미 그녀가 다정하고 지혜롭다는 인상을 받았다. 켈리에게 다가가는 마거릿의 태도는 확실히 지혜로웠다. 판단하지 않았고, 안다고 가정하지도 않았다. 그저 부드럽게 말을 걸고, 연민 어린 관심을 보였으며, 만나서 더 이야기하자는 제안을 했다.

알고 보니 마거릿은 정신건강 분야에서 경험이 있었고, 이전 교회에서는 세미나도 여러 차례 진행했는데 그중에는 섭식 장애를 다룬 세미나도 있었다. 누군가가 이 문제를 어색해하거나 머뭇거리지 않고 이야기하게 되자 켈리는 말할 수 없이 안도했다.

마거릿은 교회 전체를 대상으로 세미나를 열면 너무 특정 사례를 염두에 둔 것처럼 보이니 적절하지 않을 것 같다고 판단했다. 작은 교회였기에 왜 이런 세미나를 하는지 모두가 짐작할 수 있었다. 대신 마거릿은 딸과 가족 모두를 위해 정기적으로 기도해 줄 사람을 초대해 기도 모임을 꾸리자고 제안했다. 그러면 마거릿이 그 모임에서 관련 배경 지식을 설명하고, 켈리와 가족을 어떻게 도울 수 있을지 함께 고민할 수 있다고 했다.

2주 후, 그들은 오후 시간에 모였다. 켈리는 평소에 가까웠던 친구 둘을 초대했고(알고 보니 두 사람 모두 꼭 도와주고 싶었지만 어떻게 해야 할지 몰라서 애만 태우고 있었다.), 마거릿은 자리에 함께해 배경을 설명했다.

그날 오후에 배운 것이 많았지만, 아마도 가장 큰 도움이 되었던 내용은 섭식 장애가 생기는 데 여러 요인이 복합적으로 작용한다는 사실이다. 외모와 몸매에 집착하는 이 문화가 물론 영향을 미치지만 유전, 스트레스, 성격, 또래 집단의 압력 등 다양한 요소가 함께 작용했다. '모두가 내 잘못'이라고 여긴 켈리의 생각이 그제야 조금 누

그러지기 시작했다. 자신이 더 좋은 엄마였다면 이런 일은 벌어지지 않았을 거라는 자책이 늘 있었는데, 마거릿의 설명을 듣고 나니 조금 바뀌기 시작했다. 친구들도 같은 설명을 들은 덕분에 이후에 대화를 하기가 훨씬 수월했다. 방어적이지 않아도 되었고, 판단받는 느낌도 적어졌고, 결정적으로 덜 외로웠다.

켈리가 관계를 맺도록 돕기

그때부터 이 기도 모임은 켈리에게 생명줄과도 같이 되었다. 그들은 매주 만나 딸은 물론, 이 상황과 가족 전체를 위해 기도했다. 켈리는 몇 달 만에 처음으로 자신이 지지받고 있고, 돌봄을 받고 있다는 느낌을 받았다. 친구들과 함께 이야기할 수 있게 되자, 다른 상황에서도 이 문제를 꺼내기가 훨씬 수월해졌다.

마거릿은 켈리에게 부모를 지원하는 웹사이트를 소개했다. 켈리는 자신의 경험이 얼마나 흔한 경우인지 알게 되었다. 특히 눈에 띄었던 것은 이런 상황에서 부부 관계가 흔들리는 일이 얼마나 자주 있는가에 대한 내용이었다. 이 사실은 켈리에게 남편에게 다가가 대화를 시도할 용기를 주었다. 그 웹사이트에는 섭식 장애를 겪는 딸을 둔 아버지가 직접 쓴 글도 있었는데, 남편은 그 글을 읽고 많은 통찰을 얻었다. 물론 켈리의 상황에 모두 적용할 수는 없겠지만, 적어도 남편과의 대화는 다시 시작되었다.

이후 두 사람은 목사를 찾아가 조언과 지혜를 구했다. 목사는 가장 먼저 지금껏 손 내밀지 못한 것에 대해 사과했다. 사실 마거릿은 켈리와 이야기하기 전에 목사를 찾아가 자신의 개입이 목회적 지도와 충돌하지 않도록 미리 양해를 구했다. 목사는 자신의 무지를 인정했고, 그 후 섭식 장애에 대해 조금 더 읽고 공부한 뒤, 지금껏 교회가 보여 준 반응이 얼마나 미흡했는지 깨달았다고 했다. 그는 구체적인 조언을 해줄 수 있는 입장은 아니지만, 기도로 지지하고 켈리 부부가 다양한 지원 시스템을 잘 활용할 수 있도록 격려하겠다고 약속했다. 그 지원에는 소그룹 리더들과 딸이 속한 청소년부 리더들에게 무엇을 어떻게 공유할지 논의하는 일도 포함되었다.

알고 보니 청소년부 리더들도 그녀를 오래 걱정했지만, 다른 이들과 마찬가지로 어떻게 대응해야 할지 몰라 망설이고만 있었다. 이제 이 문제가 공개적으로 다뤄지자 그들 역시 안도했다. 그들은 켈리 부부와 만나 딸의 사생활을 존중하면서도 부모에게 필요한 정보를 어떻게 전달할 수 있을지 함께 논의하게 되어 매우 기뻐했다.

켈리가 자신의 정체성을 기억하도록 돕기

마거릿과의 지속적인 대화는 켈리가 이 상황에 자신이 어떤 방식으로 반응해 왔는지 이해하는 데 큰 도움이 되었다. '성공적인' 부모가 되는 것이 켈리에게는 매우 중요한 일이었다. 딸은 여러 면에서 모범적인 아이였고, 학업 성취도도 높고 스스로에게 굉장히 높은 기준을 세웠다. 돌아보면, 켈리는 그런 딸의 모습이 꽤 마음에 들었다. 그녀는 무의식적으로 딸의 성공을 자신의 양육 성과의 증거로 여겼다. 딸의 삶에 주어진 복을 하나님께 감사드리기보다는 자기 자신을 칭찬했던 셈이다.

물론 좋은 부모가 되고 싶은 마음은 잘못된 것이 아니다. 하지만 켈리는 그 동기가 얼마나 중요한지 깨달았다. 자녀를 사랑하되, 하나님을 위해 그리고 하나님을 영화롭게 하기 위해 사랑하는 것과, 자신의 성취감을 채우기 위해 사랑하는 것은 전혀 다른 일이었다.

성공과 실패를 보다 균형 있게 보는 관점은 켈리에게 도움이 되었다. 성경이 말하는 죄된 본성과 성령님에 관한 가르침을 다시 살펴보면서, 그녀는 모든 신자는 선과 악이 뒤섞인 복잡한 존재라는 사실을 떠올렸다. 그녀는 한 기사를 읽었는데, 그리스도인을 성도(saint), 고난받는 사(sufferer), 죄인(sinner)이라는 세 가지 정체성으로 설명했다. 즉, 모든 신자는 하나님의 영이 거하시는 성도이며, 타락한 세상에서 고난을 겪는 자이며, 동시에 자기 안의 왜곡된 욕망과 거짓 신들에게 이끌리는 죄인이기도 하다. 켈리는 자신과 딸을 이 세 가지 관점에서 바라보게 되었고, 자신과 가족에게 무엇이 필요한지 훨씬 더 균형 잡힌 시각을 갖게 되었다.

켈리가 정진하도록 돕기

켈리의 마음이 하룻밤 사이에 변화되었다거나, 그녀가 깨달은 것을 언제나 확고하게 받아들였다고 말할 수는 없다. 하지만 점차 조금씩 명확해졌다. 무엇보다도 켈리는 자신이 연약함을 드러내기를 싫어하며, 도움을 요청하기를 꺼리는 사람인 것을 깨달았다. 이는 분명 친구들과 대화하는 데 장애물이 되었던 부분이다. 이제 그녀는 친구들이 딸에 대해 이야기하지 못했던 이유가 단지 머뭇거림 때문만은 아니었음을 이해했다. 사실은 켈리 자신이 도움을 원하지 않는다는 강한 메시지를 보내고 있었던 것이다.

그런 독립적인 태도는 하나님과의 관계에도 영향을 미쳤다. 물론 그녀는 하나님의 도우심을 구하는 기도를 했다. 그러나 그 기도에는 겸손과 참으로 의존하는 태도가 부족했다.

'통제' 역시 흥미로운 문제였다. 딸의 행동을 통제할 수 없다는 사실은 그녀를 미치게 했다. 그런데 가만히 보면, 딸은 스스로 많은 것을 통제하고 있었던 셈이다. 자신의 체중을 통제할 뿐 아니라, 가정 전체를 통제하고 있었다. 그리고 이 모든 상황은 켈리가 오래도록 신학적으로 확신해 왔던 '하나님이 주권자이시다'라는 진리와 맞물려 있었다. 물론 고난 중에 하나님의 주권을 이해하는 일은 복잡하고 어려운 문제이기도 하다. 그러나 고난 중에도 하나님이 통제하고 계시며 그분을 신뢰할 수 있다는 진리는 그녀에게 점점 더 중요하게 다가왔다.

켈리는 성경을 읽는 중에 고린도후서에 오랫동안 머물러 있었다. 거기서 약함과 능력에 대한 주제를 깊이 묵상하게 되었고, 그녀에게 많은 통찰을 주었다. 욥기도 도움이 되었다. 때때로 켈리는 마치 고난이 자신을 덮치는 느낌을 받았는데, 욥이 하나님과 마주하며 그분의 위대하심 앞에 선 장면에서 자신의 시야를 넓히는 데 큰 도움을 받았다.

실제적인 자원으로 켈리를 돕기

전문가의 조언은 처음부터 중요한 역할을 했다. 마거릿은 켈리에게 다른 그리스도인 부모가 쓴 책을 건넸고, 켈리는 그 책에 전부 동의하지는 않았지만 자신의 고립감을 줄이는 데는 결정적인 첫걸음이 되었다. 신경성 식욕 부진증(거식증)을 앓는 자녀를 양육하는 경험을 나누는 웹사이트를 알게 된 것도 큰 도움이 되었고, 거식증을 오래 겪은 여성의 회고담도 켈리가 딸을 이해하는 데 특히 유익했다.

마침내 아동·청소년 정신건강 서비스 검사 일정이 잡혔다. 거기서도 많은 자료를 제공받았는데, 켈리는 좀 더 일찍 요청했다면 좋았겠다는 생각이 들었다.

보다 넓은 범위에서 보면, 교회는 일상적인 생활이 유지되도록 중요한 지원을 제공했다. 예를 들어, 자녀 돌봄이나 외박 지원 덕분에 켈리와 남편은 재충전을 위한 주말 여행을 갈 수 있었다. 그 주말에 딸을 돌봐준 사람이 상황을 충분히 이해하고 있었기에 가능한 일이었고, 그렇지 않았다면 딸이 절대 동의하지 않았을 것이다.

무엇보다도 중요한 건, 그 지원이 끈기 있게 지속되었다는 사실이다. 켈리는 딸의 섭식 장애가 쉽게 사라지지 않으리라고 분명히 느끼고 있었다. 그러나 교회 가족들, 특히 기도 모임의 지원이 끊임없이 계속된다는 사실이 그녀에게 말로 다 표현할 수 없을 만큼 큰 의미가 되었다.

후기　이 책을 저술한 이유

　우리 두 저자는 모두 정신건강으로 힘들어하는 이들을 진심으로 아끼며, 그들이 교회 안에서 환대받기를 간절히 바란다. 그러나 또한 돌봄이라는 부르심이 단지 목회 전문가나 상담 사역자만의 몫이 아니라, 하나님의 백성 전체에게 주어진 소명이라고 확신한다. 그래서 이 책을 통해 평범한 성도들이 정신건강으로 어려움을 겪는 이를 어떻게 도울지 함께 고민할 수 있기를 바랐다. 이 책이 그 목적을 향한 출발점이 되기를 바란다.

　하지만 이 책의 한계 또한 잘 알고 있다. 우리 두 사람 모두 현재는 정신건강 전문가가 아니기에, 이 책은 최신 연구를 종합한 전문적인 저작이 아니다. 책의 분량도 길지 않아서 방대한 주제 가운데 아주 일부만을 다루었다. 더 많은 내용을 다루었다면 좋았겠지만, 정신건강 문제에 교회가 어떻게 반응해야 할지 다룬 책 자체가 거의 없는 현실에서, 이 책이 작은 시작점이 되기를 소망한다.

　다시 한번 강조하자면, 이 책은 모든 상황에 대한 해답을 제공하지는 않는다. 이 책을 읽었다고 해서 전문가가 되는 것도 아니다. 그러나 이 책이 정신적 고통을 겪는 이에게 다가가기를 주저했던 독자가

한 걸음 나아가는 데, 또 이미 곁에 있던 친구와 계속 동행하는 데 격려가 되기를 바란다. 이 책을 통해 교회 문화에도 변화가 일어나기를 소망한다. 그동안 말없이 존재하던 '우리'와 '그들'의 구분이 이제는 모두가 다양한 방식으로 연약함을 지닌 존재이며, 모두가 구주를 필요로 한다는 인식 아래 하나 되어 바뀌기를 기도한다.

우리의 영적 필요 속에서, 그리스도께서는 오직 그분만이 줄 수 있는 위로로 우리를 찾아오셨다. 우리 둘 모두 정신 질환이 얼마나 심각한 어려움을 가져오는지 경험한 이로서, 그리스도 안에서 위로를 얻은 사람으로서 바라는 한 가지는, 정신건강 문제로 위로가 필요한 이들을 잘 돌보는 교회가 더욱 많이 세워지는 것이다.

"찬송하리로다 그는 우리 주 예수 그리스도의 하나님이시요 자비의 아버지시요 모든 위로의 하나님이시며 우리의 모든 환난 중에서 우리를 위로하사 우리로 하여금 하나님께 받는 위로로써 모든 환난 중에 있는 자들을 능히 위로하게 하시는 이시로다"(고후 1:3-4).

사명선언문

너희가 흠이 없고 순전하여……세상에서 그들 가운데 빛들로
나타내며 생명의 말씀을 밝혀 _ 빌 2:15-16

1. 생명을 담겠습니다
만드는 책에 주님 주신 생명을 담겠습니다.
그 책으로 복음을 선포하겠습니다.

2. 말씀을 밝히겠습니다
생명의 근본은 말씀입니다.
말씀을 밝혀 성도와 교회의 성장을 돕겠습니다.

3. 빛이 되겠습니다
시대와 영혼의 어두움을 밝혀 주님 앞으로 이끄는
빛이 되는 책을 만들겠습니다.

4. 순전히 행하겠습니다
책을 만들고 전하는 일과 경영하는 일에 부끄러움이 없는
정직함으로 행하겠습니다.

5. 끝까지 전파하겠습니다
모든 사람에게, 땅 끝까지, 주님 오시는 그날까지
복음을 전하는 사명을 다하겠습니다.

서점 안내

광화문점 서울시 종로구 새문안로 69 구세군회관 1층
02)737-2288 / 02)737-4623(F)

강남점 서울시 서초구 신반포로 177 반포쇼핑타운 3동 2층
02)595-1211 / 02)595-3549(F)

구로점 서울시 동작구 시흥대로 602, 3층 302호
02)858-8744 / 02)838-0653(F)

노원점 서울시 노원구 동일로 1366 삼봉빌딩 지하 1층
02)938-7979 / 02)3391-6169(F)

일산점 경기도 고양시 일산서구 중앙로 1391 레이크타운 지하 1층
031)916-8787 / 031)916-8788(F)

의정부점 경기도 의정부시 청사로47번길 12 성산타워 3층
031)845-0600 / 031)852-6930(F)

인터넷서점 www.lifebook.co.kr